| 지은이 | 린다 굿맨 Linda Goodman

1925년 미국의 웨스트버지니아에서 양자리로 태어난 린다 굿맨은 방송인이자 저널리스트였으며 시인이자 천문해석가였습니다. 린다 굿맨은 제2차 세계대전 동안 〈린다의 러브레터Love Letters from Linda〉라는 유명한 라디오 프로그램을 진행하면서 명성을 얻기 시작했습니다. 그 이후 미국의 동부와 남동부 지역 신문에 기고를 하면서 본격적인 저술 활동을 시작하였고, 흑인 인권 운동가이자 미국도시연맹National Urban League의 회장이었던 휘트니 영Whitney Young의 연설문을 작성하기도 했습니다. 린다 굿맨이 풍부한 임상 경험과 인간에 대한 깊은 이해를 바탕으로 집필한『당신의 별자리』는 1968년 출간 이후 공전의 히트를 기록하였습니다. 천문해석학 분야의 책으로는 처음으로「뉴욕 타임스」베스트셀러 목록에 오르는 쾌거를 이루었고, 1978년 출간된『사랑의 별자리Linda Goodman's Love Signs』또한「뉴욕 타임스」베스트셀러 목록에 올랐습니다. 그녀의 책들은 40여 년이 지난 지금까지 전 세계 독자들의 사랑을 받고 있는 고전이며 베스트셀러입니다. 책 곳곳에는 네 명의 자녀를 둔 어머니로서 자녀들에게 전해 주고 싶은 아름답고 따뜻한 경험과 지혜가 스며들어 있습니다. 그녀는 콜로라도 주에 있는 크리플 크리크에서 말년을 보냈으며, 그녀가 살던 집은 현재 여행자들을 위한 게스트하우스가 되었습니다. 1995년 향년 70세로 생을 마감했습니다.

| 옮긴이 | 이순영

1970년 강릉에서 태어나고 자랐습니다. 한국외국어대학교 영어과를 졸업한 뒤 여러 기업체에서 해외 업무를 담당했습니다. 2009년 도서출판 북극곰을 설립하여 환경과 영혼의 치유를 주제로 일련의 책들을 꾸준히 발간하고 있으며, 번역가로도 왕성하게 활동하고 있습니다. 번역서로는 노베르트 로징의『북극곰』, 마르타 알테스의『안돼!』, 엠마누엘레 베르토시의『나비가 되고 싶어』가 있으며, 린다 굿맨의『사랑의 별자리』도 곧 아름다운 우리말로 선보일 예정입니다.

물고기자리

당신의 별자리

물고기자리

2012년 12월 21일 초판 1쇄

지은이 린다 굿맨 ‖ **옮긴이** 이순영

펴낸이 이순영 ‖ **편집** 이루리 ‖ **디자인** 오빛나 ‖ **덕담** 최우근 ‖ **박은곳** 한영문화사

펴낸곳 북극곰 ‖ **주소** 서울시 은평구 진관동 은평뉴타운 우물골 239동 1001호

전화 02-359-5220 ‖ **팩스** 02-359-5221

이메일 bookgoodcome@gmail.com ‖ **홈페이지** www.bookgoodcome.com

블로그 http://blog.naver.com/codathepolar ‖ **페이스북** 도서출판 북극곰

ISBN 978-89-97728-30-5 03180   **값** 9,000원

Linda Goodman's Sun Signs

©1968 by Linda Goodman

Korean translation rights arranged with Taplinger Publishing Co., Inc.

이 책의 한국어판 저작권은 임프리마 코리아 에이전시를 통해

미국 Taplinger Publishing Co., Inc.와의 독점 계약으로 도서출판 북극곰에 있습니다.

신 저작권법에 의해 한국 내에서 보호를 받는 저작물이므로 무단 전재와 무단 복제를 금합니다.

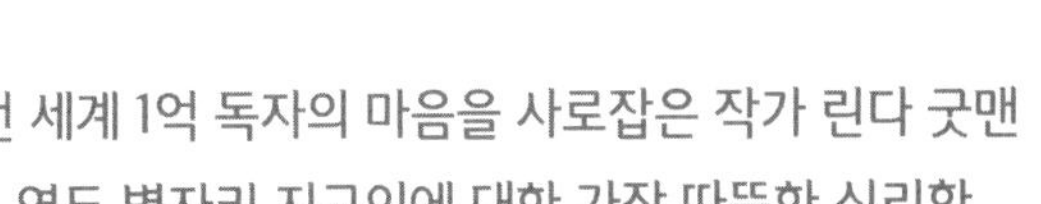

Linda Goodman's Sun Signs

전 세계 1억 독자의 마음을 사로잡은 작가 린다 굿맨
열두 별자리 지구인에 대한 가장 따뜻한 심리학

당신의 별자리

물고기자리

2. 20 ~ 3. 20

린다 굿맨 지음 | 이순영 옮김

Linda Goodman's Sun Signs

북극곰

진정으로 지인들을 이해했던 쌍둥이자리 마이크 토드를 위하여

그리고 물고기자리 멜리사 앤과의 약속을 지키기 위해

이리하여 이상한 나라가 생겨났네.
이렇게 서서히 하나씩 하나씩
이상한 사건들이 일어나고
이제 하나의 이야기가 만들어졌네.

감사의 말

나의 벗이자 스승인 처녀자리 천문해석가 로이드 코프의 도움과 조언에 깊이 감사드립니다. 로이드의 격려와 신뢰가 없었다면 이 책은 그저 양자리의 여러 꿈 중 하나로만 남아 있었을 것입니다.

★ 열두 별자리 개요

별자리	상징	기간	지배행성	구성 원소	상태
양자리 *Aries*	♈	3.21~4.20	화성 *Mars*	불	활동
황소자리 *Taurus*	♉	4.21~5.21	금성 *Venus*	흙	유지
쌍둥이자리 *Gemini*	♊	5.22~6.21	수성 *Mercury*	공기	변화
게자리 *Cancer*	♋	6.22~7.23	달 *Moon*	물	활동
사자자리 *Leo*	♌	7.24~8.23	태양 *Sun*	불	유지
처녀자리 *Virgo*	♍	8.24~9.23	수성 *Mercury*	흙	변화
천칭자리 *Libra*	♎	9.24~10.23	금성 *Venus*	공기	활동
전갈자리 *Scorpio*	♏	10.24~11.22	명왕성 *Pluto*	물	유지
사수자리 *Sagittarius*	♐	11.23~12.21	목성 *Jupiter*	불	변화
염소자리 *Capricorn*	♑	12.22~1.20	토성 *Saturn*	흙	활동
물병자리 *Aquarius*	♒	1.21~2.19	천왕성 *Uranus*	공기	유지
물고기자리 *Pisces*	♓	2.20~3.20	해왕성 *Neptune*	물	변화

★ 용어 설명

- **천문해석학**astrology : 인간이 태양과 달을 포함한 행성들의 영향을 받는다는 전제 하에 태어나는 시간과 장소에 따른 행성들의 위치에 근거하여 사람의 성격과 삶에 대하여 풀이하는 학문으로, 일명 점성학이라고 알려져 있음.
- **출생차트**natal chart : 태어나는 시간과 장소에서 본 행성들의 위치.
- **충돌 각도**hard aspect : 출생차트의 행성들이 서로 90도나 180도를 이루고 있는 경우.
- **태양별자리**sun signs : 태어난 시간과 장소에서 볼 때 태양이 위치하고 있는 별자리.
- **달별자리**moon signs : 태어난 시간과 장소에서 볼 때 달이 위치하고 있는 별자리.
- **동쪽별자리**ascendant : 태어난 시간과 장소에서 볼 때 동쪽 지평선에 위치하고 있는 별자리.
- **영역**house : 태어난 시간에 태어난 위치에서 보이는 하늘을 12구역으로 나눈 것으로 인생의 다양한 경험 분야를 의미함.
- **경계선**cusps : 각 영역의 시작점.

★ 별자리(태양별자리)란?

'태양별자리'라는 말은 당신이 만약 쌍둥이자리라면 당신이 태어난 시간에 태양이 쌍둥이자리라 불리는 곳에 위치해 있었고, 그 시기는 대략 5월 22일에서 6월 21일 사이라는 것을 의미합니다. 그 기간은 천문해석학 책에 따라 약간씩 다를 수 있습니다. 실제로 태양별자리가 바뀌는 시점은 정해져 있지 않습니다. 자정에 바뀐다고 가정하면 매우 간단한 일이지만 실제로는 그 시간이 하루 중 언제가 될지 알 수 없답니다. 예를 들어, 지난 몇십 년 동안은 양자리가 황소자리로 바뀌는 날은 4월 20일이었습니다. 그러니 4월 20일은 때에 따라 양자리가 될 수도 있고 황소자리가 될 수도 있는 것입니다. 출생차트를 뽑아 보지 않으면 사실은 양자리인 당신이 평생 황소자리라고 잘못 알고 살 수도 있는 것입니다. 어떤 별자리가 시작하는 날이나 끝나는 날에 태어난 사람이라면 정확한 출생 시간과 출생 장소(위도 및 경도)를 알고 있어야만 어떤 별자리인지 정확하게 알 수 있습니다.

※ 이 책에 인용된 시들은 모두 루이스 캐럴의 작품에서 빌어 왔음을 밝혀 둡니다.

　한국어판에서는 비룡소에서 출판한 『이상한 나라의 앨리스』와 『거울나라의 앨리스』를 참조하였습니다.

※ 개인의 출생차트는 윈스타winstar 프로그램이나 http://www.astro.com 등을 이용하여 볼 수 있습니다.

※ 이 책의 각주는 모두 역자가 단 것입니다.

목차

태양별자리를 어떻게 이해할 것인가

오래 전 이야기가 시작되었으니
여름의 태양이 그 빛을 발하고 있을 때
우리가 노 젓는 박자에 맞추어
울려 퍼지던 단아한 종소리

언젠가 당신은 출생차트의 상세한 내용을 알고 싶어질 때가 올 겁니다. 하지만 출생차트를 이해하려면 우선 무엇보다도 태양별자리를 이해해야 합니다. 우리는 잡지나 신문에서 단순히 열두 가지로 분류된 별자리 운세를 흔히 볼 수 있습니다. 그런데 별자리 운세를 읽는 것과 개개인의 태양별자리를 이해하는 것을 혼동하지 않았으면 합니다. 별자리 운세는 대체로 아주 그럴듯한 내용으로 당신의 관심을 끌지는 몰라도 오류가 전혀 없다고 할 수는 없습니다. 당신의 성격과 에너지를 전문적이고도 정확하게 분석하려면 당신이 태어난 정확한 날짜와 시간에 근거한 출생차트가 필요합니다.

하지만 이런 별자리 운세를 '누구에게나 해당하는 뻔하고 일반적인 내용을 모아놓은 잡동사니'로 치부해 버리는 경향도 경계해야 합니다. 이 또한 사실이 아니니까요. 그러한 예언(암시라는 말이 더 적합하겠지만)은 황소자리나 물고기자리 또는 처녀자리에게 각각 적용되는 것이지 열두 별자리 모두에게 마구잡이식으로 적용되는 이야기는 아닙니다. 별자리 운세는 실력 있는 전문가들이 출생차트의 태양별자리를 비롯하여 그 시기에 하늘에서 움직이는 여러 행성들 사이의 각도를 수학적으로 계산하여 작성하므로 어느 정도까지는 예측이 가능합니다. 그러나 중요한 것은 그러한 예측들이 개개인의 출생차트에 있는 태양별자리와 여덟 개의 행성 및 달의 각도를 정확하게 반영하지 않기 때문에 개인별로 완벽하게 맞아떨어지지는 않는다는 것입니다. 이러한 결함을 감안하고 본다면 별자리 운세는 흥미롭고 도움이 될 만한 정보입니다.

　태양은 모든 별 중에서도 가장 강력한 별입니다. 태양은 인간의 성격에 지대한 영향력을 미치기 때문에 태양별자리에 대한 해석만으로도 그날 태어난 개인에 대해서 놀라울 정도로 정확하게 설명할 수 있습니다. 태양의 전자기 파장(현재의 연구조사 수준에서는 이렇게밖에 표현할 수 없습니다.)은 우리가 인생을 살아가면서 태양별자리의 기질을 지속적으로 발현해 나갈 수 있도록 해 줍니다. 태양별자리가 인간의 행동과 특징을 분석하는 데 사용하는 유일한 요소는 아니지만, 상당히 중요한 의미를 차지하고 있습니다.

　어떤 천문해석가는 태양별자리를 다루는 책들이 민족별·직업별 특징을 무시하고 인간의 특징을 일반화했다고 주장하기도 합니다. 그러한 생각에 대해 이해는 하지만 동의할 수는 없습니다. 물론 태양별자리를 잘못된 태도로 사용한다면 사람들을 호도하기 쉽다는 것은 사실입니다. 하지만 분명한 것은 출생차트 없이 태양별자리를 해석하는 것만으로 탁월하게 인간을 분석하고 본성을 이해할 수 있다는 사실입니다.

개인의 태양별자리는 대략 80퍼센트 정도 정확하며 가끔은 90퍼센트까지도 정확한 경우가 있습니다. 이 정도라면 아무것도 모르는 것보다는 훨씬 낫지 않을까요? 물론 나머지 10~20퍼센트도 매우 중요하므로 무시할 수는 없습니다. 하지만 우리가 한 사람의 태양별자리를 안다면 이미 기본적인 정보들을 얻게 되는 것입니다. 태양별자리에 관한 지식을 신중하게 적용한다면 위험성은 전혀 없다고 할 수 있습니다. 우리가 나머지 10~20퍼센트로 인해 잘못된 정보를 얻을 수도 있다는 점을 유념한다면 자신 있게 태양별자리를 해석할 수 있습니다.

그렇다면 태양별자리란 무엇일까요? 태양별자리란 당신이 태어나서 첫 숨을 들이쉬던 그 순간 태양이 있던 특정한 위치, 즉 양자리·황소자리·쌍둥이자리 등을 말합니다. 이는 천문학자들이 계산해 놓은 천문력ephemeris에 따라 추출해 낸 정확한 위치를 의미합니다. 일러두기에서 밝힌 바와 같이 어떤 태양별자리가 시작하는 날이나 끝나는 날에 태어난 사람의 경우에는 정확한 출생 시간과 출생 장소의 위도 및 경도를 알아야만 어떤 태양별자리에 해당하는지 정확하게 알 수 있습니다. 다시 말해 이 책을 포함하여 모든 천문해석학 책에서 태양별자리가 시작하는 날과 끝나는 날은 대략적인 날짜라는 점을 반드시 기억해 주길 바랍니다. 이 시작하는 날과 끝나는 날을 경계선이라고 하는데, 이 경계선은 다소 혼란스러운 부분이 있습니다. 어떤 천문해석가는 이 기간을 조금 더 길게 보는 경우도 있지만, 어쨌거나 초보자는 헷갈릴 수밖에 없습니다. 그러나 당신이 태어난 날의 태양별자리가 쌍둥이자리라면 아무리 그 날짜가 경계선에 가깝다고 하더라도 쌍둥이자리라고 보아야 합니다. 쌍둥이자리 앞 별자리나 그 다음 별자리의 영향력을 무시할 수는 없지만, 그렇다고 해서 당신을 황소자리나 게자리로 바꿀 정도로 쌍둥이자리의 특성이 가려지지는 않습니다. 특정 별자리에 위치하고 있는 태양의 광채를 약화시킬 수 있는 것은 아무것도 없으며, 경계선 상에 태어난 경우 생기는 약간의 변수조차도 태양별자리의 특성을 완전히 바꿀 만큼 강력하지는 않습니다. 당신이 태어난 시간이 경계선에 해당하는지 정확하게 확인하고, 그런 경우라면 약간은 참작하되 그 다음에는 그 사실을 잊어버려도 괜찮습니다.

출생차트란 무엇일까요? 출생차트란 당신이 태어나던 순간에 하늘에 있던 모든 행성들의 위치를 마치 사진을 찍듯이 정확한 수학 계산에 따라 재구성한 지도라고 이해하면 좋습니다. 발광체인 태양과 달을 비롯하여 여덟 개의 행성이 있으며, 당신이 태어나던 순간에 위치한 12개의 별자리와 10개의 별들이 서로 맺고 있는 각도 및 위치가 당신의 삶에 영향을 미치게 됩니다.

예를 들어 당신이 6월 9일에 태어났다면, 태양이 쌍둥이자리에 위치하므로 쌍둥이자리이며 쌍둥이자리 특성 열 가지 중 대략 여덟 가지를 띠게 될 것입니다. 하지만 감정을 주관하는 달이 양자리에 위치한다면 당신의 감정적인 태도는 양자리의 특성이 나타납니다. 지성을 주관하는 수성이 전갈자리에 있다면 당신의 지적 처리 과정은 종종 전갈자리 특성을 나타내며, 언행을 관장하는 화성이 황소자리에 있다면 당신은 황소자리처럼 느리게 말하는 경향이 있을 것입니다. 또한 금성이 염소자리에 있다면 사랑을 비롯한 예술적이고 창조적인 일에서 염소자리와 같은 태도를 보일 것입니다. 그러나 이런 모든 행성들의 위치로 인한 특성도 태양별자리인 쌍둥이자리의 기본적인 특성을 완전히 없앨 수는 없습니다. 다른 행성들의 위치는 당신이 지닌 복잡한 성격에서 나오는 다양한 모습을 다듬어 주는 역할을 할 뿐이랍니다.

당신을 완벽하게 이해하기 위해서는 다른 요소들도 고려해 보아야 합니다. 먼저 당신이 태어난 시간에 여덟 개의 행성과 두 개의 발광체인 태양과 달이 어떤 각도를 맺고 있는지 살펴보아야 합니다. 그 각도에 따라서 해당 별자리의 영향력이 결정됩니다. 하지만 가장 중요한 것 은 당신의 동쪽별자리와 동쪽별자리가 태양과 달 그리 고 다른 행성들과 맺고 있는 각도입니다. 동쪽별자리는 상승점ascendant 또는 일출점rising이라고도 하는데 당신 이 태어난 순간 동쪽 지평선에 있던 별자리를 의미합니 다. 동쪽별자리는 신체적인 겉모습에 상당한 영향을 미 치고,(물론 태양별자리도 겉모습에 많은 영향을 줍니다.) 태양 별자리가 표현하는 지향성의 토대가 되며 당신의 진정 한 내면을 구성합니다. 예를 들어 쌍둥이자리인 당신의 동쪽별자리가 물병자리라면 당신은 상당 부분 물병자리 성향을 띠기 때문에, 쌍둥이자리 특성 중에서 당신에게 있을 법한 특이한 성격이나 은밀한 욕망이 잘 드러나지 않는 이유가 궁금해질 것입니다. 모든 출생차트에서 태양별자리 다음으로 중요한 두 가지 요소는 바로 동쪽별자리와 달별자리입니다.

동쪽별자리를 알고 나서 태양별자리와 함께 차트를 해석하면 매우 흥미로운 사실을 깨닫게 됩니다. 바로 자신의 전체적인 성격에 대해 놀라울 정도로 정확하게 설명할 수 있다는 사실입니다. 여기에 세 번째 요소인 달별자리까지 고려해서 해석하면 당신의 성격에 대해 훨씬 더 정교한 그림을 얻게 됩니다.

다음으로 각 영역의 별자리도 고려해야 합니다. 영역은 출생차트에서 수학적으로 계산된 위치로, 당신의 다양한 삶의 분야에 영향을 미칩니다. 모두 열두 개가 있으며 각 영역마다 하나의 별자리가 할당됩니다. 첫 번째 영역은 항상 동쪽별자리의 지배를 받고, 나머지 열한 개는 시계 반대 방향으로 순서대로 위치하면서 열두 별자리를 완성합니다. 천문해석가는 당신이 태어난 정확한 시간과 장소에 근거하여 출생차트를 뽑고, 열두 개 영역에 해당하는 각 별자리들의 의미를 해석하고, 또한 각 영역에 들어가 있는 행성들의 의미를 고려합니다. 앞서 설명한 모든 요소들을 섞어서 당신의 성격, 잠재력, 그리고 과거의 과오와 미래의 가능성을 분석하는 것이 바로 종합적인 천문해석 기술입니다. 이것이 바로 천문해석가들의 시간과 노력 그리고 지식이 필요한 부분입니다. 차트를 계산하는 것 자체는 특정 수학 공식만 적용하면 상대적으로 간단하게 끝나는 일입니다.(최근에는 태어난 날짜, 시간, 장소를 입력하면 간편하게 출생차트를 볼 수 있는 별자리 프로그램이 다양하게 개발되어 있습니다.-역자)

하지만 우리는 결국 이 책에서 주로 다루는 태양별자리 이야기로 돌아갈 수밖에 없습니다. 어떤 면에서는 당신이 쌍둥이자리라고 하는 것은 당신이 뉴욕 출신이라고 말하는 것과 같은 맥락이라고 할 수 있는데 이것이 지나친 일반화는 아니기 때문입니다. 당신의 별자리를 알아내는 일보다 뉴욕 어느 바에서 텍사스 출신을 찾거나 텍사스 어느 식당에서 뉴요커를 찾아내는 일이 더 쉽지 않을까요? 조지 왕조 시대*의 정치가와 시카고 산업

* 조지 왕조 시대(Georgian era, 1714~1830) : 조지1세~조지4세가 재위했던 영국의 중기와 후기 르네상스 시대.

시대의 사업가 사이에는 상당한 차이가 있지 않을까요? 당연히 매우 분명한 차이가 있습니다.

당신이 텍사스 출신이며 업무상 회의에 곧 참석할 어떤 사람에 대해 얘기하는 중이라고 가정해 봅시다. 누군가 "그 사람 뉴요커야."라고 말하면 즉각적으로 어떤 이미지가 떠오를 것입니다. 텍사스 사람보다는 말이 빠르고 짧을 것이며, 인간 관계에서도 텍사스 사람보다는 덜 따뜻할 것이고, 인사치레 없이 곧바로 사업 이야기로 들어갈 것입니다. 또한 서둘러 계약서에 서명하고 바로 동부로 날아가는 비행기에 몸을 실을지도 모릅니다. 섬세한 구석이 있을 것이고, 정치적인 면에서는 텍사스 사람보다 더 자유분방할 것입니다. 그렇다면 왜 이러한 순간적인 인상이 상당히 맞아떨어지는 것일까요? 왜냐하면 뉴욕 사람들은 빠르게 돌아가는 도시에 살고 있기 때문에 느리게 행동했다가는 지하철에서 자리도 못 잡고 비 오는 날 택시도 못 잡기 때문이지요. 어쩌면 계속해서 어깨나 팔꿈치를 문질러 대는 통에 품위 없어 보일 수도 있으며, 최신 연극도 보고 최고의 박물관에도 가 봤을 테니 당연히 취향이 세련될 것입니다. 높은 범죄율과 복잡한 도시 생활로 인해 텍사스 사람만큼 가까운 이웃들에게 따뜻한 관심을 가질 리가 없으니 그의 성격이 다소 냉랭할 거라고 추측할 수 있습니다.

물론 뉴요커 중에 느리게 말하는 황소자리도 있고 천천히 움직이는 염소자리도 있겠지만, 텍사스에 사는 황소자리나 염소자리처럼 느리지는 않을 것입니다. 그렇지 않을까요? 또는 아무리 빨리 말하고 행동하는 쌍둥이자리라 할지라도 텍사스에 사는 쌍둥이자리가 뉴욕에 사는 쌍둥이자리만큼 빠르지는 않을 것입니다. 모든 것이 상대적이랍니다.

자, 그럼 그 사람이 뉴욕에 산다고 칩시다. 그리고 이제 이탈리아 출신이라는 사실도 알아냈다고 가정해봅시다. 다른 이미지가 그려집니다. 여기에 그가 텔레비전 방송작가라고 한다면 또다른 이미지가 떠오릅니다. 게다가 결혼했고 자녀가 여섯 명이라고 하면 이젠 완전히 새로운 그림이 나타납니다. 그러므로 (비록 이것이 유추이고 모든 유추가 불완전하기는 하지만) 그가 뉴요커라고 말하는 것은 그가 쌍둥이자리라고 말하는 것과 유사하고, 다른 정보들은 그의 달별자리가 처녀자리이고 동쪽별자리가 전갈자리라는 것과 상응합니다. 하지만 추가 정보 없이 그가 뉴욕에 산다는 사실 하나만으로도, 그가 어느 도시 출신인지 모를 때보다는 훨씬 나은 상황에 있는 것이지요. 같은 방식으로 출생차트 없이 어떤 사람이 쌍둥이자리인지 사자자리인지 아는 것만으로도 불같은 성격의 사수자리를 대하고 있는지 현실적인 황소자리를 대하고 있는지 전혀 모를 때보다는 그 사람에 대해 많은 정보를 갖고 있는 셈입니다.

상세한 출생차트는 사람의 성격에 대해 보다 자세한 내용을 명확하게 드러내 줍니다. 출생차트를 보면 그의 삶 속에 녹아 있는 약물 중독, 자유분방한 성행위, 불감증, 동성애, 일부다처제, 정서장애, 가족으로부터의 소외, 또는 가족에 대한 집착, 숨겨진 재능, 경력 또는 부자가 될 수 있는 잠재성 등에 대해 두드러진 경향을 알 수 있습니다. 또한 정직과 부정직, 잔인함, 폭력, 두려움, 공포와 정신적 능력에 대한 경향도 분명하게 보여 줍니다. 이와 더불어 인생의 시기에 따라 일시적으로 두드러지는 성향도 잘 보여 줍니다. 뿐만 아니라 사고나 질병에 대한 민감함이나 면역력도 나타나고, 알코올, 섹스,

일, 종교, 자녀, 로맨스 등에 대한 숨겨진 태도 또한 드러나는 등 그 리스트는 무궁무진합니다. 정확하게 계산된 출생차트에 비밀이란 있을 수 없습니다. 개인의 자유의지가 경험하고자 하는 본인의 결정을 제외하고는 말이지요.

그러나 이렇게 완벽하게 분석하지 않더라도 누구나 태양별자리에 대한 이해만으로도 얻는 지식이 있으며, 태양별자리에 대한 지식은 우리가 서로에게 보다 더 관대할 수 있도록 해 줍니다. 상대방의 태도가 인간의 본성에 얼마나 깊이 뿌리 내리고 있는지 이해하고 나면, 당신은 그들의 행동에 대해 보다 더 동정심을 느끼게 됩니다. 태양별자리를 알고 나면, 냉정하고 균형 잡힌 전갈자리 부모가 보기에 불안하고 안절부절못하는 쌍둥이자리 아이가 실제로는 민첩하고 영리한 아이라는 사실을 깨닫고 인내심을 갖게 됩니다. 외향적인 학생은 내성적인 교사를 이해하게 되며 외향적인 교사는 내성적인 학생을 이해하게 됩니다. 처녀자리가 모든 머리카락을 한 올 한 올 가지런히 정리해야 하고 문제들을 철저히 조사하며 해결하기 위해 태어났다는 점을 이해하면 그들의 까다로움도 참을 수 있게 됩니다. 너무 바빠서 감사할 이유를 찾지 못하고 어디로 가고 있는지 알아채지 못하며 남의 발을 밟고 서 있어도 알아차리지 못하는 사수자리의 경솔함은 말할 것도 없습니다. 사수자리가 어떤 희생을 치르더라도 진실을 말할 수밖에 없는 사람이라는 사실을 알게 되면 그들의 솔직함에 상처를 덜 받게 됩니다.

염소자리 친구가 당신이 건넨 선물에 일언반구의 감탄사도 내뱉지 않아도 당신은 심하게 상처받지 않을 것입니다. 염소자리는 마음속으로 깊이 고마워해도 그 기쁨을 공개적으로 표현할 줄 모르는 사람들이라는 것을 알고 있으니까요. 염소자리가 타인에게뿐 아니라 스스로에게도 엄격한 원칙을 들이대는 사람들이라는 것을 알면, 의무를 강조하는 그들의 고집 때문에 덜 속상해하게 됩니다. 천칭자리의 끝없는 논쟁과 우유부단함도 단지 공정하고 공평한 결정을 내리기 위해 애쓰는 그들 태양별자리의 특징이라는 것을 알고 나면 보다 더 참을 만합니다. 물병자리가 당신의 사생활을 캐려고 할 때도 그들이 인간의 내적 동기를 조사해 보고 싶은 충동을 주체

할 수 없는 사람이라는 점을 떠올려 보면 그다지 무례하다는 생각은 들지 않을 것입니다.

아주 간혹, 태양별자리는 사자자리인데 행성 대여섯 개가 물고기자리인 사람도 있습니다. 물고기자리의 영향으로 인해 사자자리 특성이 매우 억제되므로 도무지 그의 태양별자리를 추측하기 어려울 수도 있습니다. 하지만 이런 경우는 아주 드물며, 당신이 열두 개 별자리 특성을 모두 잘 알고 있다면 그 사람은 자신의 진정한 본성을 영원히 감출 수 없을 것입니다. 물고기가 아무리 사자를 숨기려고 해도 사자자리 태양별자리는 절대로 완전하게 가려질 수 없으며, 당신은 그 사람이 부지불식간에 드러내는 사자자리 특성을 잡아 낼 수 있을 것입니다.

태양별자리를 파악하려고 할 때 표면만을 대충 보고 판단하는 실수를 절대로 범해서는 안 됩니다. 염소자리라고 해서 모두 온순한 것은 아니고, 사자자리라고 해서 모두 외견상으로 타인을 지배하려고 하지도 않을 뿐더러 처녀자리라고 해서 모두 처녀는 아닙니다. 가끔 예금 통장을 여러 개 가지고 있는 양자리도 있고, 조용한 쌍둥이자리도 있으며, 심지어 실용적인 물고기자리도 있습니다. 당신의 눈을 사로잡는 한두 가지 특징 그 이상을 보아야 합니다. 화려하게 치장한 염소자리가 사교계 명사들의 인명록을 힐끔거리는 순간을 포착해야 하고, 수줍은 사자자리가 자신의 허영심이 무시당했을 때 입을 삐죽거리는 모습도 볼 수 있어야 합니다. 드물게는 경박한 처녀자리가 단지 싸다는 이유만으로 살충제를 한 상자나 사는 장면도 목격하게 될 것입니다. 조용한 쌍둥이자리여서 말은 빠르지 않을 수 있지만 머리는 제트기 같은 속도로 회전하고 있을 수도 있고, 예외적으로 검소한 양자리라도 은행에 갈 때는 선홍색 코트를 입고 불친절한 은행원에게 말대꾸를 할 수도 있습니다. 그리고 아무리 실용적인 물고기자리라도 시를 쓰거나 추수감사절 때마다 여섯 명의 고아를 초대하기도 할 것입니다. 눈을 크게 뜨고 잘 보면 어떤 별자리도 자신을 온전히 감출 수 없습니다. 심지어 애완동물도 태양별자리의 특징을 여과 없이 보여 준답니다. 처녀자리 고양이의 밥그릇을 낯선 곳에 옮겨 놓거나 사자자리 강아지를 무시하는 일이 없기를 바랍니다.

유명 인사나 정치인, 문학 작품 속의 주인공들을 대

상으로 별자리를 맞혀 보는 것도 재미있습니다. 그들의 별자리가 무엇인지 추측해 보거나 그들이 어떤 별자리 특징을 대변하고 있는지 짐작해 보세요. 이런 작업을 통해 당신의 천문해석학적인 재치는 더욱 예리해질 것입니다. 만화책의 주인공들도 시도해 볼 만한 대상들입니다. 찰리 브라운은 분명히 천칭자리일 것이며, 루시의 경우에는 동쪽별자리는 양자리이고 달별자리는 처녀자리에 태양별자리가 사수자리일 확률이 높습니다. 스누피는 누가 봐도 물병자리 개입니다. 희한한 스카프를 두르는가 하면 제1차 세계대전 당시의 비행기 조종사 헬멧을 쓰고 개집 위에서 붉은 남작*에 대한 상상의 나래를 펼치고 있는 걸 보면 틀림없습니다.(또한 해왕성과 충돌 각도를 맺고 있을 것입니다.) 이런 식으로 직접 누군가의 별자리를 생각해 보면 그 재미가 제법 쏠쏠합니다. 하지만 이보다 더 중요한 것은 태양별자리 맞히기 게임을 할 때 매우 진지하고도 유용한 것을 배우게 된다는 점입니다. 사람

---

* 붉은 남작(Red Baron): 제1차 세계대전 당시 전투기 80여 대를 격추한 독일 공군의 에이스 리히트호펜(Richthofen, 1892~1918)의 닉네임이다.

들의 숨겨진 꿈과 비밀스러운 소망과 참된 성격을 어떻게 인식할 것이며, 그들을 좋아하는 법과 그들이 당신을 좋아하게 만드는 법 그리고 당신이 알고 있는 그들을 제대로 이해하는 법을 터득하게 될 것입니다. 당신이 그들 마음속에 숨어 있는 무지개를 찾아 나설 때, 세상이 더 행복해지고 사람들이 더 멋져 보이게 됩니다.

인생에서 가장 중요한 부분은 타인을 제대로 이해하는 것 아닐까요? 링컨 대통령이 이런 점에 대해 아주 간단하고 명백하게 말한 적이 있습니다.

"문명의 가장 중요한 기능은 서로 익숙하지 않은 사람들 사이에서 의도하지 않은 적대 관계로 인해 발생하는 크고 작은 인간의 사악함을, 국가적으로 또는 개인적으로 바로잡는 것이다."

지금 당장 태양별자리 공부를 시작하고 터득한 내용을 신중하게 적용해 보세요. 당신이 사람들 본연의 모습을 하나씩 벗겨 낼 때마다 사람들은 당신에게 어떻게 그런 새로운 통찰력이 생겼는지 궁금해할 것입니다. 실제로 열두 개 태양별자리를 이해하는 것만으로도 당신의 삶을 바꿀 수 있습니다. 당신은 지금 단 한 번도 마주친 적이 없는 미지의 사람들을 이해하기 위한 여정을 시작하려고 합니다. 하지만 머지않아 당신은 친구들은 물론이고 낯선 이들도 더 가깝게 느끼게 될 것입니다. 정말로 멋진 일 아닌가요?

당신을 알게 되어 행복합니다.

린다 굿맨

물고기자리

Pisces, the Fish

2월 20일부터 3월 20일까지

지배행성 – 해왕성

순수하고 그늘 한 점 없는 이마
놀라움으로 가득한 꿈결 같은 눈을 가진 아이여!
시간이 덧없이 흐르고 너와 나
오랜 세월 떨어져 있어도
요정이야기라는 애정 어린 선물에
너는 틀림없이 사랑스러운 미소로 답하리.

물고기자리를 알아보는 방법

♓

잔치가 준비될 때까지 낮잠 잘 시간이 있네.
잔치가 끝나면 우리는 무도회에 갈 거야.
붉은 여왕, 하얀 여왕, 그리고 앨리스, 모두!

당밀과 잉크로 잔을 채워라.
마시기에 좋은 건 뭐든지 좋아.

당신이 은행 창구나 지점장 자리에 앉아 있는 물고기자리를 발견한다면 희귀종을 찾은 셈입니다. 물고기자리 중에는 한곳에 오래 갇혀 있는 것을 견딜 수 있는 사람이 거의 없습니다. 그보다는 망자와의 영혼 교류를 시도하는 모임이나 미술관, 수녀원, 수도원, 공연장, 나이트클럽 같은 곳에서 물고기자리를 만날 확률이 훨씬 높습니다. 작가 연맹 회의에 가 보거나 연극 공연이 끝나고 무대 뒤에 가 보거나 요트 위에서 선탠을 하면서 찾아보셔도 좋습니다.

이런 장소에서는 꽤나 많은 물고기자리를 만날 가능성이 높습니다. 환경이 보다 창조적이고 예술적일수록, 한가롭고 심오할수록 물고기자리를 더 많이 만나게 됩니다. 칵테일파티나 경축 행사 같은 곳에 그물을 던지면 다채롭게 빛나는 물고기가 많이 걸려듭니다. 밝은 색상의 열대어 같은 물고기자리도 몇 명 만날 수 있고, 혹은 외국의 공주 같은 이국적인 물고기자리도 만날 수 있을 것입니다.

물고기자리는 세속적인 야망이 별로 없습니다. 대부분 서열이나 권력 또는 리더십 같은 것에 전혀 관심이 없고, 부에도 거의 매력을 느끼지 못합니다. 결혼을 하거나 유산을 상속받는 경우가 아니라면 막대한 부를 축적하는 물고기자리는 거의 없습니다. 그렇다고 해서 돈에 대해 반감이 있는 것은 아닙니다. 물고기자리는 아주 낡아서 못 쓰는 동전도 기꺼이 받을 것입니다. 물고기자리는 일반적인 사람들보다는 그 동전의 세속적 가치를 더 잘 알고 있습니다.

"나는 백만장자가 되고 싶지는 않아요. 다만 백만장자처럼 살고 싶어요."라는 말을 누가 했는지는 모르겠지만 물고기자리의 철학을 제대로 반영하고 있습니다. 해왕성이 다스리는 마음은 탐욕으로부터 자유롭습니다. 강렬함도 없고 미래에 대해서는 거의 무신경해 보이기까지 합니다. 직감적으로 과거를 이해하고 현재는 관대하게 포용합니다. 물고기자리에게나 또는 진짜 물고기에게나, 물살을 거슬러 올라가려고 애쓰는 것은 결코 쉬운 일이 아닙니다. 물살이 흘러가는 곳이 어디이든 간에, 그 흐름에 몸을 맡기는 것이 덜 수고로울 것입니다. 하지만 물살을 거슬러 헤엄치는 것은 물고기자리에게 주어진 도전이며, 그들이 진정한 평화와 행복을 찾을 수 있는 유일한 방법입니다. 물고기자리로 태어난 사람들은 살아가면서 쉬운 길을 택하는 것이 오히려 함정에 빠지는 꼴이 될 수 있습니다. 그 함정은 반짝거리는 미끼로 물고기자리를 유혹하지만, 인생을 낭비하게 만드는 위험한 갈고리를 숨기고 있답니다.

물고기자리의 매력적인 태도와 느긋한 착한 성품은 상당히 인상 깊습니다. 물고기자리는 자신만의 방식으로 꿈꾸고 느끼며 살아갈 수 있는 자유를 박탈하지만 않는다면, 대부분의 사회적 제약에 무관심합니다. 모욕이나 비난 그리고 타인의 분노에 찬 주장에 대해서는 더더욱 관심이 없습니다. 물고기자리에게 사회가 타락했고 정부가 분열되어 있고 환경오염 때문에 사람들이 다 죽을 것이고 세상에 종말이 다가오고 있다고 말해도, 이들은 하품을 하거나 묘한 미소를 짓거나 아니면 약간 애처롭다는 듯한 표정을 지을 것입니다. 물고기자리를 흥분시켜서 난폭하게 만들기는 어렵습니다. 물론 성질이 전혀 없다는 것은 아닙니다. 뒤늦게 발동이 걸리면 신랄하게 말하고 몹시 냉소적인 모습으로 돌변할 수 있습니다. 사납게 신경질적으로 분노를 표출하는 경우도 있지만, 전형적인 유형의 물고기자리라면 되도록 저항하지 않고 해왕성의 시원한 물로 그 분노를 계속 씻어 냅니다. 물고기자리가 화를 내게 만드는 것은 맑고 고요한 호수에 돌멩이를 던지는 것과 같습니다. 처음에는 표면에 잔물결이 좀 일겠지만 이내 잠잠해집니다.

물고기자리를 만나면 먼저 그들의 발을 살펴보세요. 남녀를 불문하고 발이 상당히 작고 앙증맞거나 아니면 반대로 아주 크고 넓적할 것입니다. 손도 역시 작고 연약하고 정교하게 생겼거나 또는 마치 갈고리처럼 큽니다. 피부는 아주 부드럽고 머리카락은 가늘며 곱슬머리가 많고 엷은 색을 띠고 있습니다.(머리카락이 흑갈색인 물고기자리도 상당수 있습니다.) 눈은 맑고 독특한 느낌을 주며 눈꺼풀이 무겁습니다. 모두 그런 것은 아니지만 물고기자리의 눈은 돌출되어 있는 경우가 많고 둥그스름하며 눈빛이 아주 강렬합니다. 어떤 물고기자리의 눈은 그냥 아름답다는 말 이외에는 설명할 길이 없을 때가 있습니다. 인상은 쾌활하고 감정이 풍부하며, 얼굴에 주름은 별로 없고 보조개가 있는 경우가 많습니다. 키가 큰 물고기자리는 드뭅니다. 물고기자리는 체형이 가끔은 약간 우스꽝스럽기도 하지만, 남다른 우아함이 그 우스꽝스러움을 가려 줍니다. 물고기자리는 걷는다기보다는 미끄러져 다니는 것처럼 보여서, 마치 헤엄을 쳐서 방을 가로질러 거리로 나가는 것처럼 보입니다. 가끔은 진짜로 헤엄을 치기도 합니다. 물은 어디에 있는 걸까요? 아마 근처에 있을 것입니다. 물고기자리는 늘 물에 끌린답니다.

물고기자리는 시원한 물도 좋아하고 따뜻한 차나 커피를 하루에 열 잔 넘게 마시기도 하며, 또한 탄산음료와 자극적인 음료를 좋아하기도 합니다. 전갈자리나 게자리와 마찬가지로 물고기자리도 술을 멀리하는 것이 현명합니다. 칵테일 몇 잔으로 끝낼 수 있는 물고기자리는 별로 없습니다. 상당수의 물고기자리가 알코올 문제를 겪고는 합니다. 술은 거짓된 안정감을 주면서 진정 효과를 내는데, 이것은 마치 위험한 자장가와 같습니다. 물론 식사에 곁들여서 술을 한 잔 마시는 정도로 모든 물고기자리가 알코올 중독자가 되는 것은 아니지만, 그 비율은 다른 별자리보다 훨씬 높습니다.

물고기자리는 장밋빛 색안경을 끼고 세상을 바라보고자 하는 욕망을 타고났습니다. 인간의 추악한 모습을 충분히 잘 알고는 있지만, 사랑스러운 행동만 하는 아름다운 사람들로만 가득 찬, 촉촉하고 우아한 자신만의 세상에서 사는 것을 더 좋아합니다. 물고기자리는 끔찍한 현실에 직면하게 되면 장밋빛 공상의 세계로 도망가고는 합니다. 삶이 물고기자리를 음울한 실패와 끔찍한 조건으로 가득한 썩은 물속으로 철퍼덕 내동댕이쳐 버리

면, 그들은 다시 뛰어오르기보다는 자신의 희미한 초록
빛 환상 속에 숨어서 실질적인 결정을 회피하는 상태에
머무르는 경우가 많습니다. 타인에게 거부당한 물고기
자리도 또한 거짓 희망에 빠져서 실패라는 현실을 직시
하지 못하는 경향이 있습니다. 하지만 굳은 마음으로 결
단을 내리고 힘차게 매진하면 상상이 아니라 현실 속의
성공을 거둘 수도 있습니다.

모든 물고기자리가 이런 전형적인 해왕성의 덫에
빠지는 것은 아니지만, 대부분은 이 경고를 받아들일 필
요가 있습니다. 물고기자리 작가들은 말로는 소재거리
를 수집 중이라고 하면서 몇 년 동안 바에 느긋하게 앉
아서 실제로는 연체 고지서만 모으고 있을 수도 있습니
다. 또 후원자를 찾지 못하고 있는 물고기자리 화가는
밤낮으로 공원을 거닐며 명작에 넣을 배경을 구상 중이
라고 중얼거리지만 정작 붓에는 먼지만 쌓여 가기도 합
니다. 캔버스에 찬란한 그림을 그릴 수 있도록 그를 후
원해 줄 천사는 어디에 있는 걸까요? 겨우 월세나 내고
근근이 생계를 이어 나가면서 혼자 사는 물고기자리 여
인은 몇 시간이고 백일몽을 꾸면서 달콤했던 과거를 추

억하고 희미한 미래를 기약하며 현재의 찬란한 햇빛을 낭비하고 있을 것입니다. 배우, 작곡가, 음악가에게도 모두 비슷한 스토리를 적용해 볼 수 있습니다.

물고기자리의 상징 기호는 서로 반대 방향을 향하고 있는 두 마리의 물고기입니다. 그 상징이 이중적인 욕망으로 고통 받는 물고기자리의 모습을 나타낸다는 애기를 들으셨을지도 모르겠지만, 실제로는 그렇지 않습니다. 이중적인 욕망은 쌍둥이자리의 기질이지요. 서로 반대 방향을 향하는 두 마리 물고기는 물고기자리에게 주어진 선택을 상징합니다. 정상을 향해 헤엄치며 목표에 다가가거나 아니면 바닥을 향해 헤엄치면서 절대로 목표에는 도달하지 못하는 두 가지 경우를 의미합니다. 물고기자리는 자신이 어떤 식으로든 인류에 봉헌해야 하며 세속적 소유를 삼가야 한다는 점을 알아야 합니다. 물고기자리였던 아인슈타인은 흐름을 거슬러 상류로 헤엄쳐서 상대성이론이라는 완전히 새로운 세상을 만들어 냈습니다. 하류를 따라 헤엄치는 물고기들은 식당에서 설거지를 하거나 눈 치우는 일을 합니다. 항상 선택을 할 수 있습니다. 남다른 재능을 타고나지 않은 물고기자리는 없기 때문입니다. 하지만 좌우를 동시에 볼 수 있는 물고기는 가끔 정면을 못 볼 때가 있습니다. 물고기자리는 전문직에 헌신하여 고귀한 삶으로 칩거하거나 아니면 흥분을 주는 대상이나 인위적인 감정 상태 또는 잘못된 흥분 상태로 도피합니다.

물고기자리는 수줍음을 많이 타고 경쟁을 달가워하지 않지만, 해왕성의 강한 힘에 이끌려서 연극 무대에 올라 타고난 해석 능력으로 다양한 감정을 표현하곤 합니다. 그래서 타고난 소심함에도 불구하고 최고의 배우가 되기도 하지요. 하지만 피곤한 리허설과 수 년 동안 어쩔 수 없이 따라가야 하는 따분한 연습 과정을 견디기 위해서는 힘든 과정을 싫어하는 자신의 본성을 극복해야만 합니다. 가끔은 예민한 물고기자리의 영혼이 비평가의 날카로운 비판에 상처를 받아서 장래에 배리모어[*]나 베르나르^{**} 같은 명배우가 될 수 있는 사람이 명성을 얻기 직전에 은퇴하기도 합니다. 물고기자리에게 대사

* 모리스 배리모어(Maurice Barrymore, 1849~1905) : 인도 출생의 영국인으로 영국과 미국에서 활약한 유명한 배우.
** 사라 베르나르(Sarah Bernhardt, 1844~1923) : 프랑스의 유명한 연극배우.

를 외우는 일은 아무런 문제가 되지 않습니다. 물고기자리는 기억력이 아주 좋기로 유명합니다. 다만 달이나 수성이 충돌 각도를 맺고 있을 경우에는 자신의 전화번호조차 잊어버리기도 합니다.

항구의 뱃사람부터 소아과 병원의 간호사까지, 모든 물고기자리에게 삶 자체는 마치 거대한 무대와 같습니다. 물고기자리의 눈에 비치는 모든 장면들은 불명확하고 순간적입니다. 그렇기 때문에 폭풍이 몰아쳐도 대개 조용하게 평정심을 유지하며 상황을 받아들입니다. 하지만 갑작스럽게 의기소침해질 위험이 늘 있어서 독특한 꿈이나 이상한 악몽을 꾸곤 하는데, 종종 예지몽을 꾸기도 합니다. 물고기자리가 무슨 일이 일어날 것 같은 느낌을 받으면 대체로 그 일이 일어납니다. 물고기자리가 당신에게 비행기에 타지 말라고 하거나 차에서 내리라고 하면 그 말을 듣고 차라리 헤엄치거나 걸어갈 방법을 알아보는 것이 좋습니다.

천문해석학에서는 수많은 생을 경험하면서 지혜를 터득한 영혼을 '올드소울old soul'이라고 부릅니다. 물고기자리로 태어난 인간의 삶은 영혼이 선택할 수 있는 가장 어려운 의무를 수행하거나 또는 완전함에 도달하는 기회를 잡기 위한 삶이기 때문에, 물고기자리를 올드 소울이라고 부를 때가 많습니다. 열두 별자리 중에서 양자리가 탄생을 의미한다면, 물고기자리는 죽음과 영원을 의미합니다. 물고기자리는 열두 번째 별자리로서 앞선 열한 개 별자리의 특성이 모두 섞여 있기 때문에 다룰 내용이 많습니다. 세부 사항을 집중해서 체계적으로 다루는 놀라운 능력과 부드러운 태도는 처녀자리의 경험을 내면에 담고 있다는 사실을 반영하고, 공정하고 무심한 듯한 판단력과 쾌락을 즐기는 마음은 바로 천칭자리의 기질입니다. 또한 게자리의 미친 듯한 유머 감각과 동정심 그리고 괴팍함이 있고, 가끔은 사수자리의 적나라한 솔직함과 관대함도 있지요. 또 사자자리의 즐거움을 추구하는 활달한 성격이 있으며, 염소자리처럼 주어진 의무에 헌신하기도 하고 유명 인사들을 부러워하기도 합니다. 토성의 우울한 면이 약간 있기도 하고, 게자리처럼 기분이 잘 변하기도 하며, 사자자리처럼 행복해하기도 합니다. 물고기자리는 물병자리 스타일로 사람들을 놀리거나 분석하는 것도 좋아합니다. 양자리다

운 이상주의와 열정으로 들뜨기도 하지만, 화성의 추진
력은 없습니다. 물고기자리는 쌍둥이자리처럼 여기저
기 돌아다니고 말도 빠르게 하고 생각도 명석하게 할 수
있습니다. 또한 황소자리처럼 게으르고 평화로운 사람
이 될 수도 있지요. 때로는 수성의 재치 있는 위트와 금
성의 부드러운 우아함을 전갈자리의 신비한 통찰력으로
결합하기도 하지만, 전갈자리의 무자비함은 없습니다.

    물의 별자리인 물고기자리는 공기 별자리처럼 논쟁
을 좋아하는 성향과, 흙의 별자리처럼 자연을 사랑하는
마음과, 불의 별자리처럼 불타는 열망을 모두 가지고 있
습니다. 하지만 유지하는 성질도, 활동하는 성질도 아닙
니다. 물고기자리는 변화하는 성질입니다. 이런 면에서
는 절대로 희석되지 않는답니다. 물고기자리에게만 있
는 유일한 특성은 한 걸음 물러서서 어제와 오늘 그리고
내일을 하나로 볼 수 있는 이상한 능력입니다. 음악과
미술에 대한 사랑과 고도로 발달한 감각, 그리고 다재다
능함은 다른 별자리들로부터 받은 것이지만 그들의 깊
은 지혜와 연민은 물고기자리 고유의 것으로 인간의 모
든 경험으로부터 얻은 지혜를 합쳐 놓은 기질입니다. 이

제 이 모든 것을 이해하고 나면 당신의 물고기자리 친구가 어째서 가끔 종잡을 수 없는 행동을 하거나 완전히 미치광이처럼 구는지 이해할 수 있을 것입니다.

물고기자리는 자신이 영원히 살 수 있다고 생각하는 경향이 있고, 때로는 그것을 정말 믿는 사람처럼 행동하기도 합니다. 일반적으로 물고기자리는 자신을 잘 돌보지 않습니다. 그나마 남아 있는 에너지는 어려움에 처한 친척을 돕거나 친구의 어려움을 대신 짊어지는 일에 쓸 가능성이 높습니다. 감정적인 것이든 경제적인 것이든, 그 사람들의 문제는 팔팔하던 물고기자리의 건강을 심각하게 해칠 수 있습니다. 물고기자리는 자신의 에너지를 아껴서 쓰고 흥분제나 진정제 복용, 지나친 피로, 그리고 타인의 응급 상황을 피하도록 노력해야 합니다. 물고기자리는 유아기에 가장 몸이 약한 편이고 어린 시절에도 몸이 튼튼한 경우는 드뭅니다.(출생차트에 화성의 영향이 강한 사람은 예외입니다.) 물고기자리는 신진대사가 느리다고 여겨지며, 그 때문에 아침에 일어나도 여전히 졸리고 무기력한 기분이 들 때가 많습니다. 식습관이 좋지 않으면 간이나 장, 소화기관에 문제가 생길 수 있습니다. 손이나 발, 둔부 쪽에 사고를 입을 수 있고 독감에 걸리는 경우도 자주 있습니다. 폐도 튼튼한 편이 아니고, 발가락이나 발목이 약한 경우도 많습니다. 물고기자리는 평발이 많고 발등 뼈에 자주 이상이 생기거나 아니면 반대로 발이 아주 강하고 유연한 경우도 있지만 그 중간은 없습니다. 하지만 그들은 숨은 저항력이 있는데, 이 잠재력을 발견하고 활용하는 일이 해왕성의 숙제 중 하나입니다. 물고기자리는 말 그대로 스스로에게 최면을 걸어서 어떤 대상을 두려워하지 않게 하거나 또는 두려워하게 할 수 있는데, 고양이, 쥐, 높은 곳, 지하철, 엘리베이터 또는 사람까지 모든 것이 대상이 될 수 있습니다.

유머 감각은 물고기자리의 비밀 병기입니다. 물고기자리는 눈물을 감추기 위해 미소를 짓습니다. 또 풍자의 대가라서 이들이 무심코 던지는 재치 있는 말 때문에 당신은 주눅이 들 수도 있습니다. 물고기자리는 너무 빠르게 깜박거려서 눈이 따라가지 못하는 조명처럼 산발적으로, 당신을 신랄하게 관찰할 수도 있습니다. 물고기자리는 얼굴 표정 하나 바꾸지 않고 아주 훌륭한 농담을 만들어 냅니다. 슬랩스틱 코미디에서부터 불안정하고 예민한 농담까지 우아하게 넘나들지요. 대부분 따뜻하고 악의 없는 농담이지만 가끔 냉정하고 무자비하기도 합니다. 하지만 그런 농담은 항상 물고기자리가 자기를 숨기거나 또다른 감정으로 위장하는 용도라서 즉흥적인 경우는 거의 없습니다. 물고기자리는 웃음을 가면으로 사용하는데 그 위장이 아주 성공적인 편이랍니다.

물고기자리는 동정심이 많아서 아프거나 약한 사람들을 돕고자 하는 욕구가 상당히 큽니다. 처녀자리와 마찬가지로 아픈 사람들에 대한 연민이 있는데, 아무리 기이하고 사회적으로 거부당한 사람들이더라도 그들의 힘들고 외로운 상태, 실패와 불행에 대해 그 마음을 이해하려는 노력을 한다는 점에서 처녀자리와는 다릅니다. 물고기자리는 처녀자리가 보기에는 본인의 선택에 의해 약자가 되었으므로 도와줄 가치가 없다고 생각하는 사람들도 따뜻하게 위로해 줍니다. 당신이 액수와 상관없이 돈이 필요하거나 혹은 약간의 용기를 북돋워 줄 사람이 필요다면 물고기자리를 찾아가세요. 당신에게 쓸데없는 충고를 하지도 않고 잘난 척하지도 않을 것입니다.

물고기자리는 사람에 대해 도둑, 살인자, 중독자, 변태, 범죄자, 성자, 위선자 또는 사기꾼 등등 어떤 판단도 하지 않습니다. 탐욕, 욕망, 나태함 그리고 질투심은 모두 전형적인 물고기자리에게 어떠한 비판적 노여움도 불러일으키지 않습니다. 물고기자리는 모두를 이해하고도 남으며, 또 자신이 해 줄 수 있는 실질적인 도움을 충분히 주고 싶어 합니다. 모든 선과 악을 감지할 수 있을 뿐더러 각각의 위험도 또한 잘 알고 있습니다. 많은 물고기자리들이 이런 이유 때문에 성직자나 수도승이 되어 평생을 기도나 사색으로 보내기도 합니다.

누군가를 돕고자 하는 마음이 물고기자리의 첫 번째 본능입니다. 신경질적이고 퉁명스러운 물고기자리도 있지만 그런 모습은 단지 스스로를 보호하기 위해서 두른 아주 연약한 껍질일 뿐입니다. 물고기자리는 자신이 얼마나 상처받기 쉬운 존재인지 머지않아 스스로 깨닫게 됩니다. 세상은 아직 그들의 예민한 감각에 주파수를 맞추지 못하기 때문에 물고기자리는 놀림을 당하지 않기 위해서(혹은 마지막 한 푼마저 빼앗기지는 않기 위해서) 가끔 무관심한 척합니다. 물고기자리를 짓밟아 뭉

개려는 사람들이 부담을 주어서 물고기들이 진정한 영혼을 숨기게 만듭니다. 해왕성의 깊은 물의 성질로 인해 물고기자리는 사람들의 모든 고통과 즐거움을 흡수해서 마치 자신의 고통과 즐거움인양 느끼기 때문에 많은 물고기자리가 슬픈 이야기를 듣는 것에 별로 관심 없는 척하는 것은 어찌 보면 당연한 일입니다. 예전에 거절당한 적이 있다면 다시 한 번 시도해 보세요. 그러면 진짜 물고기자리의 모습이 드러날 것입니다.

탁월한 상상력과 뛰어난 유머 감각, 그리고 해왕성의 미적 감각 덕분에 물고기자리는 영원히 남을 만한 매우 섬세한 산문이나 시를 쓰기도 합니다. 사실 이 세상은 물고기자리의 예술적 노력과 다정한 연민 없이는 한 순간도 유지될 수 없을 것입니다. 지구가 자전을 멈출지도 모릅니다. 우리는 물고기자리가 자신의 개인적인 꿈은 접어 두고 친척이나 친구들의 인생을 밝게 빛내 주면서 인생을 보내거나, 혹은 최소한의 사생활도 포기하고 무대 위에서 대중들에게 눈물과 웃음을 선사하는 경우를 많이 보게 됩니다. 하지만 해왕성은 기만적인 행성으로 한 번에 두 가지 방향의 성질을 동시에 만들어 내는 능력이 있어서, 그 결과로 물고기자리가 자신의 진정한 감정을 숨기고 싶게 만드는 것이랍니다.

묘하게 반짝이는 그 물고기를 꼼짝 못하게 몰아세워 본 적이 있다면 물고기자리의 연기력을 분명하게 확인할 수 있습니다. 물고기자리는 직접적인 질문에 네, 아니오로 명확하게 답하는 것을 싫어합니다. 항상 '그럴지도 모른다'는 식으로 대답합니다. 방금 무슨 연극을 보았는지, 무슨 책을 읽었는지 같은 아주 단순한 질문에도 별다른 이유 없이 대답을 회피하는 듯한 태도를 보입니다. 물고기자리는 마치 스위치라도 달아 놓은 것처럼 갑자기 눈물을 흘릴 수도 있고, 갑자기 햇살처럼 환하게 웃을 수도 있습니다. 두 가지 모습은 모두 진짜가 아닙니다. 물고기자리에게 모든 것은 환상이며, 스스로도 실제와 환상의 차이를 구별하는 것을 어려워합니다. 물고기자리의 내면은 해왕성의 넓은 바다처럼 그 심중을 알 수 없습니다. 물고기자리의 이타적인 마음은 모든 살아있는 생명체에 대한 지칠 줄 모르는 따뜻한 사랑으로 가득 차 있는데, 그런 마음이 자기연민이나 자기애로 변질되지 않는다면 진정한 성자의 모습을 보이기도 합니다.

전형적인 물고기자리에게는 모든 이웃 사람들의 근심거리를 다 들어 줄 만큼 마음이 넉넉하고 사람 좋은 아줌마의 모습도 있고, 매주 수백 명의 고민거리를 인내심 있게 들어 주는 바텐더의 모습도 있습니다.

드넓은 바다 속 고요한 물과 광활한 하늘에 떠 있는 총총한 별들의 무리, 물고기자리는 그 사이 어딘가에서 필요한 때에만 땅을 밟으면서 말로 표현하기에는 너무 깊은 진실을 이해한 채로 외롭게 살고 있습니다. 물고기자리와 친구나 연인이 되고 싶은 사람들은 그들의 이성과 감정을 이해하기 위해 상상력을 동원해야만 합니다. 다른 물의 별자리인 전갈자리와 게자리는 반은 물속에서 살고 반은 육지에서 사는 생명체로 표현되는데, 물고기자리만 공기 중에서 숨 쉴 수 없는 생명체로 표현됩니다. 물고기자리는 반드시 시원한 물속에서 지내면서 가끔 진흙 속에도 머무르는 식으로 항상 떠돌아다니며 살 수밖에 없습니다.

물고기자리를 상징하는 금속은 강철이나 수은 또는 금이나 납 같은 광물이 아니고 설명하기 힘든 인공적인 금속의 진동인데, 달리 말하자면 비현실적인 환상의 메아리 같은 것입니다. 물고기자리는 자신의 모습을 투명한 자수정과 에메랄드를 통해서 비추며, 수련과 연꽃으로 상징됩니다. 분홍색과 흰색을 띤 그 꽃은 연약하지만, 그 줄기와 잎은 강인하고 질겨서 뿌리째 뽑히지 않는 한 잘 꺾이지는 않습니다. 하류로 향하는 흐름을 따라 목적 없이 떠다니는 물고기자리든 물살을 거슬러 깨끗한 물을 찾아가는 물고기자리든 간에 그들을 따라다니며 이들의 기질을 이해하는 일은 쉽지 않습니다. 물고기자리는 자신이 생각하는 것보다 더 강인하며 자신이 인식하고 있는 것보다 더 현명하지만, 해왕성은 물고기자리가 스스로 발견할 때까지 그 비밀을 지키고 있습니다.

물고기자리로 알려진 유명인

게오르크 헨델Georg Händel

빅토르 위고Victor Hugo

알베르트 아인슈타인Albert Einstein

엘리자베스 브라우닝Elizabeth Browning

엘리자베스 테일러Elizabeth Taylor

오귀스트 르누아르Auguste Renoir

조지 워싱턴George Washington

존 스타인벡John Steinbeck

테드 케네디Ted Kennedy

프레데리크 쇼팽Fryderyk Chopin

*미하일 고르바초프Mikhail Gorbachev

*베르나르도 베르톨루치Bernardo Bertolucci

*스티브 잡스Steve Jobs

*조리 해리슨George Harrison

*박미선

*박지성

*안철수

*이적

*김윤아

*장기하

물고기자리 남성

♓

우리는 단지 잠들기 싫어 안달하는
나이 든 어린애에 지나지 않지.

셰익스피어는 황소자리였지만 물고기자리 남성과 관계
를 맺게 될 사람들을 위해서 이런 메시지를 남겼습니다.

사람이 하는 일에는 밀물과 썰물이 있다.
물이 가득할 때에는 행운이 이끄는 곳으로 순항하지만
그렇지 않을 때에는 그들의 삶을 싣고 가는 배가
얕은 바닥의 불행함에서 벗어나지 못한다.

당신이 물고기자리 남성의 호수로 막 뛰어들 참이라면 이 글귀를 작은 손거울에 적어서 당신이 화장을 고칠 때마다 볼 수 있도록 해 두세요. 물고기자리 남성은 당신의 마음을 아프게 할 뿐만 아니라 당신의 미래까지도 좌지우지할 것입니다.

장밋빛으로 물든 마음을 좀 추스르고, 당신이 달빛 아래서 함께 헤엄치려고 하는 그 물고기자리 남성이 밀물이 들어오는 때를 정확하게 알고 있는지 확인하도록 하세요. 그가 밀물일 때 기회를 잡으면 여느 여성들처럼 당신에게도 행운이 함께할 것입니다. 명성과 부를 향해서 순항하는 것이죠. 하지만 어쩌면 당신의 물고기자리 남성은 자기 눈앞에서 빛나는 수많은 별들 때문에 그 조수를 보지 못하고 때를 놓칠지도 모릅니다. 그렇게 되면 물고기자리의 얕은 바다는 당신이 절대로 경험해 보지 못했을 우울한 불행을 가져다 줄 수도 있다는 점을 미리 경고하고 싶습니다.

물고기자리 남성은 당신이 원하는 모든 것이 될 수도 있고, 당신이 절대로 바라지 않는 모든 것이 될 수도 있습니다. 연애 관계에서 조수는 기회와 동일한 의미입니다. 확고한 결정과 단호한 행동을 필요로 하며, 성공을 저해하는 모든 낡고 눅눅한 꿈을 과감하게 버리는 능력이 필요합니다. 그런데 문제는, 발밑에 물이 차오르는데도 만조를 인식하지 못하는 물고기자리 남성도 가끔 있다는 점입니다.

물고기자리 남성은 약하지 않습니다. 다만 희미하게 반짝이는 별에 너무 오랫동안 마음을 두어서 성공이라는 밝은 햇살을 놓칠 뿐입니다. 모든 물고기자리가 조용한 몽상가는 아닙니다. 하지만 절대 다수가 그렇지요. 그래도 희망은 있습니다. 삶이 있는 한 항상 희망이 있는 법입니다. 비록 물고기자리의 멋진 상상력이 세상에 너무나도 필요하기는 하지만, 물고기자리도 언젠가는 자신의 빵을 사기 위해 일을 해야 하는 때가 옵니다. 그때가 되면 물고기자리 남성은 제대로 해냅니다. 똑똑한 머리와 해왕성의 직감을 결합하여 실용적인 목표를 향해 나아가는 동력으로 삼고 매진하여, 그 결과 명성과 인지도 그리고 부와 불멸의 존재감까지 누릴 수 있습니다. 이 모든 것은 아니더라도(매번 대박을 터뜨릴 수는 없죠.) 적어도 존경과 안락한 안정감은 얻을 수 있습니다.

당신이 함께 항해할 물고기자리도 이런 유형의 남성이기를 빌어 봅시다. 사실 어떤 별자리도 그런 조건 속에 서라면 물고기자리의 잠재력을 막을 수 없습니다.

하지만 예를 들어 나이가 이십대 중반인데도 아직 자신의 연애 문제에 있어서 밀물과 썰물을 인식하지 못하고 있는 물고기자리 남성이라면 미래가 별로 희망적이지는 않습니다. 너무 이른 나이에 성급한 판단을 하는 것이 아니냐고요? 좋아요. 그럼 삼십대 중반이라고 칩시다. 하지만 당신이 도박을 하고 있는 것입니다. 미래가 희망적이지는 않다고 한 말은 당신의 미래를 두고 한 말입니다. 일상적인 가족 생활을 해야 하는 아내로서 말입니다. 물고기자리 남성의 미래는 그럭저럭 만족스러울 수 있습니다. 진부한 꿈을 포기하지 못하는 많은 물고기자리 남성도 성공을 위한 신선한 아이디어를 만들어 내고 상당히 만족스러운 삶을 삽니다. 그들에게 필요한 것은 거의 녹슬어 가고 있는 그 꿈밖에 없기 때문입니다. 여기에다가 와인 한 병과 맛있는 호밀 빵만 더하면 세상에 그보다 더 큰 행복은 없다고 생각합니다. 아차! 제가 한 가지 빠뜨렸다는 것을 눈치 채셨는지요? 빵 한 덩어리와 와인 그리고 바로 당신! 맞지요? 하지만 저는 당신을 일부러 빠뜨렸습니다. 공상을 좋아하고 예민하고 예술적인 물고기자리는 빵과 와인만 있으면 남부러울 것 없이 살 수 있습니다. 하지만 그것만으로는 아내를 먹여 살릴 수 없고 즐거움을 누릴 수도 없고 열대어를 사기에도 벅찰 것입니다. 당신은 양말도 필요하고 화장품, 신발, 시금치, 우유, 전구, 그리고 월세도 필요합니다. 무슨 말인지 아시겠지요?

이런 유형의 물고기자리에게는 한 가지 방법밖에 없습니다. 당신이 부유한 상속녀가 되는 것입니다. 아니, 한 가지 방법이 더 있습니다. 당신이 두 가지 일을 하는 것이지요. 하나는 당신을 위한 일이고 다른 하나는 물고기자리 남성을 위한 일로서 두 가지를 모두 다 미친 듯이 해야 합니다.

자, 사랑을 나누는 시간에 당신이 불행할 거라는 얘기는 하지 않았죠? 물고기자리 남성이라면 절대로 로맨스가 부족하지는 않답니다. 로맨스와 함께 살고 있다고 해도 과언이 아니지요. 하지만 로맨스만으로 먹고 살 수는 없는 법입니다. 행성들은 그들의 지혜를 담아 비세속적이고 몽상을 좋아하는 물고기자리 남성이 보호받을 수 있도록 다양한 기회를 줌으로써 삶의 복잡한 면을 돌 볼 수 있게 해 줍니다. 남성 후원자나 여성 후원자를 찾 을 수 있다면(여성 후원자일 가능성이 더 높지만 양쪽 모두 가능합니다.) 물고기자리 남성은 위대한 화가, 작가, 작곡 가, 연주자가 될 수 있으며 그게 아니라도 최소한 훌륭 한 사람은 될 수 있습니다. 하지만 만약 물고기자리 남 성이 당신과 즐거운 시간을 보내며 금붕어와 열대어를 기르면서 예술 하나를 위해서 태어난 자신의 존재를 잡 동사니로 채우고 있다면 여성 후원자는 둘째 치고 남성 후원자라도 과연 찾을 수 있을까요?

그렇게는 안 된다는 점을 인정해야만 합니다. 지금 당장 그에게 작별을 고하는 것이 낫지요. 한동안 눈물도 날 것이고 깊은 상처도 남겠지만, 걸어다니는 몽상가와 결혼해서 집세를 독촉하는 집주인에게 상황이 곧 나아 질 거라고 매달 미안한 소리를 하는 것보다는 나을 것입 니다. 결코 쉽지 않은 일일 테니까요.

지금까지는 빵과 와인만 먹고 사는 물고기자리에 대해서 대담하게 얘기해 보았으니, 이제는 밀물 때 기회를 잡는 다른 유형의 물고기자리에 대해 이야기해 볼 차례입니다. 이런 유형은 여성들에게 결혼상대로 아주 탐나는 인물입니다. 언제든지 아인슈타인이나 조지 워싱턴과 같은 인물이 될 기회가 있으니, 그렇게 된다면 정말 멋진 일이 되겠지요. 비록 아인슈타인은 주말에도 자신의 방정식에 계속 몰두했고 조지 워싱턴은 밤에도 집에서 일을 했지만 더 이상 무엇을 바라겠습니까? 완벽한 사람을 찾을 필요는 없습니다. 완벽한 실용주의자 염소자리도, 공격적인 추진력이 있는 양자리도 모두 작은 결점들은 있습니다. 다시 말하자면 물살을 거슬러 올라가는 물고기자리 남성은 부와 명성이라는 두 가지 재능을 당신에게 바칠 기회가 많이 있다는 뜻입니다. 이 유형의 물고기자리 남성은 다른 면에서도 훌륭한 면이 많이 있습니다.

물고기자리 남성은 편견이 없습니다. 누군가가 인디언의 모카신을 신고 몇 마일이나 걷기 전에는 그 사람을 인디언이라고 단정하지 않고, 누군가가 맨발로 걷겠다고 고집 부리기 전에는 그 사람을 나체주의자라고 단정하지 않습니다. 어떤 상황에서도 상대를 이해하고 비판적인 판단을 하지 않습니다. 물고기자리는 냉정한 비난은 잘 하지 않고 대신 너그러운 인내를 많이 보여 줍니다. 심지어는 장모님도 이해하려고 노력하는데, 그렇게 하는 남성들이 많지는 않지요. 물고기자리 남성은 아주 보기 드문 동정심이 있습니다. 친구들은 그에게 어떤 말이라도 털어놓을 수 있으며, 그가 놀라지 않을까 걱정하지 않습니다. 물고기자리에게 충격을 주려면 초특급 사건이 있어야 하지요. 당신과 나 그리고 물고기자리 남성, 이렇게 세 명이 한 방에 앉아 있는데 어떤 남자가 다가와서 자기는 각각 다른 지방에 네 명의 첩을 두고 있어서 고민이 많다고 고백했다고 해 봅시다. 당신은 아마도 그를 노려보면서 감옥에 가도 싸다고 생각할 것입니다. 저도 아마 그를 짐승이라고 부르며 경멸하겠지요. 하지만 물고기자리 남성은 이렇게 물을 것입니다. "어느 주에 있는데요? 그 네 명 중에 진실로 사랑하는 사람이 있나요?" 물고기자리는 호기심은 있지만 전혀 놀라지는 않습니다. 물고기자리 남성은 그 남성에게 타인의 이해가 많이 필요하고 또 좋은 변호사가 필요하다고 생각합니다.

물고기자리 남성이 어쩌다가 타인의 비밀을 한두

개쯤 누설할 수는 있지만 절대로 고의는 아닙니다. 물고기자리는 가끔 어떤 결과를 초래할지 미처 생각하지 못하고 말하는 경향이 있습니다. 자기보다 측은지심이 덜하고 냉정한 사람들에게는 자기의 말이 잘못 받아들여질 수 있다는 점을 잘 이해하지 못합니다.(예를 들어서 자기 누이나 당신의 엄마가 그 불쌍한 일부다처주의자의 입장을 쉽게 이해하지 못한다는 것을 미처 깨닫지 못합니다.) 하지만 비밀로 해 달라는 요청을 받으면 절대로 그 이야기를 발설하지 않기 때문에 어떤 은밀한 비밀이라도 안심할 수 있습니다.

수성에 충돌 각도가 있어서 말을 아주 빠르고 유창하게 쉬지 않고 하는 물고기자리도 가끔 있지만, 전형적인 물고기자리는 천천히 말하고 생각하며 친구나 친척, 이웃 들의 문제에 계속 연루되기 쉽더라도 자신의 문제에만 신경 쓰려고 합니다. 물고기자리는 남의 이야기를 너무나도 잘 들어 주기 때문에 사람들이 몰려들 수밖에 없습니다. 당신도 고장 난 드라이어나 아버지의 후두염 문제, 또는 마이너스 통장과 작은 사소한 걱정거리를 그에게 말하고 싶은 충동이 들겠지만 너무 서두르지는

마세요. 물고기자리 남편이나 남자친구에게는 더 이상
의 시련이 필요 없답니다. 다른 사람들이 늘 많이 가져
다주니까요. 당신과 함께 있을 때에는 위안이 필요합니
다. 사람들이 일부러 물고기자리에게 부담을 주려는 것
은 아닙니다. 사람들은 물고기자리의 천성이 너무나도
수용적이어서 그가 주변에서 일어나는 일의 파동을, 그
것이 좋거나 나쁘거나 즐겁거나 무섭거나 어둡거나 밝
거나 관계없이, 모두 흡수한다는 사실을 좀처럼 깨닫지
못합니다. 모든 것을 흡수하는 영혼의 스펀지 같은 그의
삶은 심령술사와 비슷하기도 합니다.(실제로 심령술 능력
이 있는 사람들 중에는 물고기자리가 많습니다.) 물고기자리
가 예민하다는 말은 그에게 동정을 얻으려는 사람들의
감정을 그가 아주 생생하게 느낄 수 있다는 의미입니다.
물고기자리는 그래서 자주 푹 쉬어 주어야 합니다. 해왕
성의 영혼은 가끔 혼자 있으면서 신선한 바람이 그가 간
접적으로 겪은 모든 문제들이 남긴 상처를 치료해 주어
서 다시 차분하고 순수한 상태로 돌아갈 수 있도록 해야
합니다. 그러니 당신의 물고기자리 남성이 혼자 침묵하
고 있다고 해서 너무 못마땅해하지 마세요. 물고기자리

남성에게는 그런 시간이 간절하게 필요하답니다. 혼자 있고 싶어 하거나 혼자 산책하고 싶어 할 때는 내버려 두세요. 그의 곁에 너무 붙어 있으려고 하면 물고기자리의 아름다운 사랑을 망칠 수 있습니다. 물고기자리에게는 여유 있게 숨 쉴 수 있는 공간이 필요합니다.

물고기자리는 예민하기 때문에 쉽게 상처받을 수 있다는 점을 기억하세요. 물고기자리의 수줍음은 자신의 한계(어떤 한계이든)에 대한 고통스러운 자각에서 기인하는 것으로, 그것을 아주 예민하게 느낍니다. 자신이 존경하는 사람이 자신의 장점을 높이 평가하고 있다는 사실을 알아야 합니다. 바로 당신이지요. 그러니 칭찬을 아끼지 마세요.

물고기자리 남성은 요가나 선 또는 오컬트 실험 같은 것을 시도해 볼 수도 있고 천문해석학이나 수를 이용한 점술, 심지어는 환생에도 관심이 있을 것입니다. 전갈자리처럼 물고기자리도 심오한 원리에 대한 이해력을 타고났으며, 이런 능력은 물고기자리가 감정을 차분하게 유지하고 생생하게 상상하는 데 원동력을 제공해 줍니다. 물고기자리 남성도 가끔은 화를 내겠지만, 폭력적이거나 오래 지속되지는 않습니다. 분노가 지나가고 나면 수면은 다시 고요해지고 삶은 예전처럼 평화로워집니다. 집 안에서 고함을 치는 물고기자리 남성도 있겠지만 악의는 없습니다. 물고기자리가 황소자리처럼 제대로 분노를 표출하는 것은 거의 불가능합니다. 당신이 얼마나 운이 좋은지 아시겠지요?

물고기자리 남성은, 비록 스스로를 이해하는 것은 어렵지만, 다른 사람들의 예민한 부분을 명확하게 볼 수 있는 능력이 있습니다. 그래서 물고기자리 남성을 속이기는 어렵습니다. 숨은 이면을 바로 간파해 내기 때문입니다. 하지만 그는 사람들이 치밀하게 캐물어도, 자신의 개인적인 일을 안전하게 감추려고 하는 별난 성격 덕분에, 마음만 먹으면 당신을 속일 수도 있습니다.

제가 아는 어떤 물고기자리 남성은 실제로 정부를 속이고 있는데, 그것이 아주 쉬운 일이었다고 합니다. 그 사람은 평생 동안 인구 조사를 피해 왔습니다. 국세청은 그 사람의 수입을, 멀리 사모아제도에 있는 원주민의 수입보다도 잘 몰랐다고 합니다. 작가이기 때문에 가능한 일이었습니다. 전화번호는 가명으로 등록했고,

사회보장보험이나 운전면허도 등록하지 않았다고 합니다. 상상의 독재자가 자신의 번호를 캐내어 모든 개인 비밀을 다 알아낼 것 같은 공포가 있었기 때문이라고 하네요.

당신의 물고기자리 남성은 이 정도는 아니겠지만 실제로 담배를 사러 갔다 와서는 당신에게 세탁소에 다녀왔다고 말할 때가 있을 것입니다. 왜일까요? 저는 정말 모르겠습니다. 본인도 모릅니다. 물고기자리가 (쌍둥이자리도 마찬가지로) 즐기는 귀여운 속임수 같은 것입니다. 그는 자신은 녹색 벨트를 매고 있는데 사람들이 그가 주황색 벨트를 하고 있다고 믿거나 아예 벨트를 하지 않고 있다고 믿는다면 어쨌든 안심합니다. 본인이 좋아한다면 그런 작은 비밀 정도는 지켜 주세요. 그걸 문제 삼을 필요는 없지요. 비록 그가 세탁소가 아니라 담배 가게에 가는 것을 두 눈으로 직접 보았다고 해도 바지가 세탁이 다 되었는지 물어보세요. 세탁소 주인이 다음 주 월요일이나 되어야 다 된다고 했다고 얘기한다면, 그 세탁소는 너무 꾸물거린다고 대꾸하고 넘어가세요. 물고기자리 남성은 자신의 생생한 상상력이 녹슬지 않고 계속 잘 돌아가도록 하기 위해 무해한 거짓말을 지어내어 훈련하는 것입니다. 이보다 더 나쁜 버릇이 생길 수도 있었으니 다행이라고 생각해야겠지요?

　　물고기자리 남성은 질투심을 심하게 드러내는 경우가 많지 않습니다. 있다고 하더라도 타고난 연기자이므로 (연습할 기회를 준다면) 질투하지 않는 척할 것입니다. 하지만 아무리 천성이 서정적이고 부드럽다고 해도 그도 남성이므로 당신이 자기에게 충실하기를 기대할 것입니다. 반면에 당신은 질투심을 잘 억제해야 합니다. 물고기자리 남성은 남녀를 불문하고 가까운 친구가 많고, 가끔은 엉뚱한 시간에도 그들에게 동정심을 베풀기 때문입니다. 물고기자리는 사교성을 타고났습니다. 자기도 어쩔 수가 없답니다. 그러니 당신이 만약 불같은 질투심이 있는 사람이라면 위험할지도 모릅니다. 양자리나 사자자리 여성이라면 다른 별자리 남성을 찾아보는 것이 좋습니다. 물고기자리 남성은 미인을 보면 감탄하면서 상대방의 아름다운 다리를 뚫어져라 쳐다보기도 합니다. 하지만 당신이 그런 그를 순수하게 바라본다면, 낭만적인 연인이자 무슨 이야기든 함께 나눌 수 있는 다정다감한 남편을 얻을 수도 있답니다.

　남편이 외로움과 우울함에 휩싸여 있을 때에는 앞치마를 벗고 화사한 드레스 차림으로 남편과 함께 재미있는 쇼를 보러 가세요. 물고기자리는 다른 사람의 제안에 특히 약합니다. 물고기자리 남편이 올바른 경제 관념을 가지고 돈을 신중하게 쓰도록 만드는 데에는 적잖은 장애물이 있을 것입니다. 솔직히 말해서 물고기자리는 신용등급이 높은 경우가 별로 없습니다.(동쪽별자리가 염소자리이거나 황소자리, 물병자리, 게자리의 영향이 많은 경우라면 예외일 수 있습니다.) 언젠가는 그도 배우겠지만, 가능하면 당신마저 돈을 많이 써서 상황을 악화시키지는 않는 게 좋습니다. 낭비벽 있는 사람이 한 명만 있어도 가세가 기우는 것은 순식간이니까요. 물고기자리 남성에게는 좋은 본보기가 필요합니다. 이끌어 주는 사람이 있으면 물고기자리는 놀라울 정도로 잘 받아들입니다. 그 사람이 물고기자리와 가깝고 그가 존경하는 사람일 때 특히 그렇습니다. 물고기자리는 천성적으로 주변의 모든 진동을 아주 생생하게 수용하는데, 감정이 격렬할수록 그런 경향이 두드러집니다.

아이들은 물고기자리 아버지가 정말로 재미있는 사람이라고 생각할 것입니다. 물고기자리 아버지는 아이들을 데리고 배를 타거나 수영을 하거나 다이빙을 함께 할 가능성이 높습니다. 또한 구전동요 속에 나오는 캐릭터를 잘 연기하기 때문에, 아이들은 노래 속 캐릭터들이 살아서 움직인다고 생각할 것입니다. 그는 약간 독특한 철학을 가지고 좀 자극적인 노래를 아이들에게 불러 주기도 하고 요가 자세로 물구나무서기를 가르쳐 줄 수도 있습니다. 아이들은 물고기자리 아버지를 사랑할 것이며, 작은 새를 손 안에 잡고 있으면서도 새를 짓누르거나 놀라게 하지 않는 물고기자리 아버지의 특별한 능력 덕분에 균형 잡히고 조화로운 어른으로 커 갈 것입니다. 당신은 주로 매를 드는 쪽이고 물고기자리 아버지는 아이들의 고민을 들어 주는 쪽입니다. 당신이 아이들을 깨끗하고 청결하게 생활하도록 해 주면, 남편은 아이들의 머리가 활발히 움직이도록 해 줍니다. 이렇게 하면 환상의 짝꿍이 될 것입니다.

절대로 물고기자리 남성의 꿈을 짓밟지 마세요. 그는 그런 행동을 용서하지도 않을 것이며 잊지도 않을 것입니다. 그가 자신의 마차를 맬 수 있는 탄탄하고 밝은 별을 찾아서 꿈을 현실로 이루도록 도와주세요. 사랑에 있어서 물고기자리는 상대에게 감정적으로 의지하는데, 이 말은 물고기자리 남성이 당신의 무한한 신뢰를 필요로 한다는 뜻이며 또한 당신이 절대로 근거 없는 불평을 늘어놓아서는 안 된다는 뜻입니다. 물고기자리 남성의 열정적인 희망을 이해심 깊은 애정으로 가꾸어 주어야 하며 당신이 행복한 가정 생활이라는 기름진 토양을 제공해 줄 수 있어야 합니다. 잔소리와 비판으로 뿌리를 갉아먹지 않는다면 그의 다듬어지지 않은 소망은 언젠가 튼튼한 거목으로 성장하여 당신의 개인적인 꿈까지도 이루어 줄 것입니다. 물고기자리의 마음속에서는 영원히 소망이 샘솟습니다. 그것을 망가뜨리지 마세요. 그 소망을 정성스럽게 가꾸어 주면 언젠가 어마어마한 행운으로 돌아올 것입니다.

'물고기자리는 스스로 일을 망치는 별자리'라는 말 때문에 신경이 쓰이거나 걱정할 수도 있지만 그럴 필요는 없습니다. 모든 물고기자리 남성은 이런 경향이 약간씩은 있지만, 그가 혹시나 일을 망친다면 풀어헤쳤던 짐을 다시 쌀 때처럼 다시 시작할 수 있도록 해 주세요. 당신이 매듭을 충분히 단단하게 묶어 준다면 그런 일이 자주 일어나지는 않을 것입니다. 물고기자리 남성에게 아침에는 꿈을 선사하고 점심에는 재치가 넘치는 농담을 건네고 저녁에는 쇼팽을 들려 주고 후식으로는 시를 들려 주세요. 그런 뒤에는 당신만의 시간을 가질 수 있습니다. 호수 속으로 뛰어들까 말까 망설이지 마세요. 그 물은 아주 깨끗하답니다.

물고기자리 여성

$$\mathtext{♓}$$

"그럼 넌 뭐지? 뭔가 일을 꾸미고 있잖아!" 비둘기가 말했다.
"난, 난 작은 여자 애야." 앨리스는 미심쩍게 말했다.

그러자 마침내 앨리스는 화려한 꽃밭과 서늘한 분수가 있는
아름다운 정원으로 들어오게 되었다.

일렬로 서 주세요. 밀치지 마시고요. 모든 남성에게 물고기자리 여성이 돌아갈 수는 없지만, 그렇다고 해서 그렇게 함부로 행동하면 안 됩니다. 차례를 기다리고 행운을 빌어 보세요.

천문해석학이 아니더라도 물고기자리 여성의 매력은 이미 잘 알려져 있습니다. 부정적인 의견도 있지만, 물고기자리 여성은 첫눈에 모든 남성들이 졸업 파티의

파트너로 선택하고 싶은 스타일입니다. 앙증맞은 토끼 머리띠라도 해 준다면 더 이상 바랄 게 없겠지요. 자유롭고 강한 현대적 여성들이 물고기자리 여성의 가치를 더 높여 놓았다는 점도 인정해야 합니다. 알 듯 모를 듯 신비스러운 여성성을 탈피한 현대 여성들에 비해서 얌전하고 아름답고 연약한 물고기자리 여성이 남성들에게 더욱 호소력이 있기 때문입니다.

물고기자리 여성에게 프리미엄이 있다는 것은 전혀 놀랄 일이 아닙니다. 물고기자리 여성은 결혼을 했든 안 했든, 남자를 자기 그늘 속에 두려고 하는 경우가 거의 없습니다. 어떤 식으로든 남자를 점유하고자 하는 의도나 숨은 욕구가 없습니다. 상대 남자는 그녀를 위해 의자를 꺼내 주고 담배에 불을 붙여 주면서 자신이 멋진 사람이라고 마음껏 자랑할 수 있습니다. 물고기자리 여성의 바람은 남성이 자기를 보호하고 돌봐 주어야 한다는 것뿐입니다. 그의 넓은 어깨에 기대어 그가 얼마나 강인한 사람이고 자신이 그를 얼마나 필요로 하는지 눈을 동그랗게 뜨고 알려 주고 싶어 합니다. 빨간 망토 소녀를 기다리는 늑대를 상상해 보세요. 그녀를 보호해 줄 존재가 필요하지요. 물고기자리 여성은 완전히 중세 시대 스타일은 아니지만(그래도 상당히 많은 물고기자리 여성이 이런 분위기를 풍깁니다.) 남자의 모든 고민을 흔쾌히 들어 줄 것이고, 함께 어려운 시절을 겪고 나면 참된 가치를 알게 되는 사람들입니다.

물고기자리 여성은 남자친구, 애인, 남자 형제, 아버지를 포함한 모든 남성들이 한 손으로 세상과 싸워 물리칠 수 있는 사람이라고 생각하며, 이런 감동적인 믿음 때문에 남성들 스스로도 자신이 그렇게 할 수 있다고 믿게 됩니다. 물고기자리 여성이 왜 그렇게 인기가 있는지 아시겠지요? 그녀의 자랑스러운 남자에게 물고기자리 여성은 시끄러운 도로 소음과 주식 현황 모니터와는 거리가 먼 안락하고 고요한 안식처랍니다. 그녀의 물고기 연못에는 은은하고 부드러운 조명이 드리워져 있습니다. 물고기자리 여성은 현란한 주식 현황판의 작은 숫자들과 네온사인에 지친 남성의 눈을 편안하게 해 줍니다.

물고기자리 여성은 겨울에는 털이 많은 앙고라 벙어리장갑을 끼고 봄이 되면 귀여운 주름 치마를 입을 것입니다. 여름에는 비키니를 입은 모습을 볼 수도 있습니다. 가을에는 축구 경기장에서 당신 곁에 사랑스럽게 앉아서 시린 손을 당신의 주머니에 넣고는 몇 대 몇인지 물어볼 것입니다. 물고기자리 여성은 어느 계절에나 변함없이 여성스럽습니다. 적절할 표현일지는 모르겠으나 마치 꿀벌들이 꿀단지에 모여드는 것처럼 남성들은 물고기자리 여성에게 빠져듭니다.

남성들은 물고기자리 여성과 잠깐만 대화를 나누어도 곧 편안한 느낌을 받습니다. 남성들은 추운 겨울밤에 타닥거리며 타는 장작불 앞에 있는 느낌을 받거나, 아니면 훈훈한 봄날에 누구의 방해도 받지 않고 해먹에 누워 있는 기분이 듭니다. 물고기자리 여성은 남자가 직장에서 겪을 수 있는 어떤 문제나 우발적인 실수에 대해서도 비난하지 않겠다는 태도를 분명하게 취합니다. 그런 것들이 당신이 아니라 다른 누군가가 잘못해서 발생한 일이라고 생각합니다. 빨리 승진하라고 압박하지도 않습니다. 그녀는 남자의 페이스에 아주 만족스러워합니다.

결혼 후에는 그녀가 약간 눈치를 줄 수도 있습니다. 솔직히 말하자면 눈치를 좀 많이 줄 수도 있습니다.

당신이 그녀의 매력에 완전히 눈이 멀어 있었으니 그 정도는 감수해야지요. 아주 냉소적인 순간도 자주 있겠지만 흠이 없는 여성은 없지요. 그리고 물고기자리 여성은 당신과 다투는 시간보다는 다정한 시간이 훨씬 더 많을 것입니다. 물고기자리 여성이 성격이 고약해지려면 남편이 아주 잔인하거나 게으른 경우에만 가능한데, 그런 남편에게 빡빡하게 굴면 안 된다고 누가 주장할 수 있겠습니까? 저는 못 합니다. 저는 물고기자리 여성 편이니까요.

게다가 물고기자리 여성의 매력적인 여성스러움은 다른 모든 사소한 결점들을 덮어 주며 대부분의 전형적인 물고기자리 여성은 여리고 감미로우며 여성스럽습니다. 물고기가 양쪽 방향으로 헤엄칠 수 있는 것처럼 물고기자리 여성은 상충하는 상황에서 차분하게 잘 적응하기 때문에, 상대적으로 다른 여성들을 신경질적으로 보이게 합니다. 물론 차분하다가도 가끔씩 짜증 섞인 말을 뱉을 수는 있습니다. 드물게 어린 시절에 가혹한 대접을 받아서 마음고생을 하고 예민해진 물고기자리 여성은 삐딱한 태도를 보이며 자신의 상징인 두 마리의 물고기가 서로 떨어져 버리게 만듭니다. 매우 슬픈 일이지요. 이런 외롭고 우울한 물고기자리는 항상 화를 내고 늘 무언가를 회피하기 위해 물속으로 뛰어들면서 자신을 향한 끊임없는 사랑과 연민이 사실 자기에게 독이 되고 있다는 사실을 절대로 깨닫지 못합니다. 그리고 약물이나 술, 그릇된 환상으로 인해 진실을 보지 못하고 스스로를 파국으로 몰고 갑니다. 하지만 일반적인 물고기자리 여성은 두 마리의 물고기를 유연하면서도 단단하게 결합시켜 놓고 뒤로 살짝 움직이다가 또다시 앞으로 나아갑니다. 그래서 사람들은 물고기자리 여성이 어느 방향으로 가고 있는지 잘 모르는 경우가 많지요. 사람들은 물고기자리가 모든 강이 흘러 들어가는 깊고 신비한 바다와 같다고 합니다. 그 바다의 은밀한 비밀을 조금이라도 이해한다면 그녀를 당신의 사람으로 만들 가능성이 더 높아질 것입니다.

일단 물고기자리 여성은 예민합니다. 니키 힐튼*, 마

---

* 콘래드 니키 힐튼 주니어(Conrad Nicky Hilton Jr., 1926~1969) : 미국 힐튼호텔 설립자인 콘래드 힐튼의 아들로 엘리자베스 테일러의 첫 번째 남편이다.

이클 와일딩*, 에디 피셔**, 그리고 리처드 버튼***에게 물어보세요. 이 사람들은 모두 물고기자리 여성과 결혼했습니다. 실은 모두 동일한 여성과 결혼했지요. 바로 엘리자베스 테일러입니다. 이 물고기자리 여성은 예민할 뿐만 아니라 가끔 연습 삼아서 남성을 유혹할 때에는 현혹적이기도 했습니다.

자, 체크무늬 앞치마를 두르고 수줍은 듯 웃고 있는 헌신적인 아내, 가정주부 그리고 사랑스러운 어머니인 물고기자리 여성을 한 명 당신이 알고 있을지도 모릅니다. 당신은 그녀가 예민하지도 않고 현혹적이지도 않다고 생각하겠지요. 너무 직설적으로 말해서 미안하지만, 당신이 틀렸습니다. 당신이 알고 있는 그 여성은 다르다고 생각하겠지만 저도 그런 여성을 알고 있습니다. 그녀는 뉴욕에 살고 있고 이혼한 적이 있는 폴린이라는 여성

* 마이클 와일딩(Michael Wilding, 1912~1979) : 영국 출신의 미국 영화배우. 엘리자베스 테일러의 두 번째 남편이다.
** 에디 피셔(Eddie Fisher, 1928~2010) : 미국의 가수이자 엔터테이너. 엘리자베스 테일러의 네 번째 남편이다.
*** 리처드 버튼(Richard Burton, 1925~1984) : 영국의 영화배우. 엘리자베스 테일러와의 두 번의 결혼으로 유명하다.

입니다. 폴린은 체크무늬 앞치마를 걸치고 수줍은 미소를 띤 전형적인 물고기자리 여성의 모습을 하고 있습니다. 어떻게 그렇게 순박한 시골 아낙네가 예민하거나 혹은 현혹적일 수 있을까요? 제 얘기를 들어 보세요. 일단 그녀는 모든 사람들을 앞치마 폭에 감싸 안습니다. 그녀는 사랑스러운 아이를 잃은 상실감, 찢어지는 마음의 고통, 지루함, 비극, 공포, 가난 그리고 잠깐이었지만 갑자기 부자가 되었을 때의 혼란 등을 모두 견뎌 냈습니다. 어린 아들이 무릎을 다치거나 치아교정기를 할 때, 신발을 잃어버렸을 때에도 도와주었고, 남편이 일요일에 요리를 한다고 주방을 엉망으로 만들어 놓았을 때에도, 시댁 식구들이 총출동해서 동시에 여덟 개의 언어를 구사해야 했을 때도(유엔 건물 앞에서나 볼 수 있는 광경이지요.) 모두 감당했습니다. 마치 권투선수 로키의 운명처럼 엉망진창인 인생을 묵묵히 감당해 왔습니다. 그런 그녀가 연약하고 예민하다고요? 아직까지도 그녀의 두 아들은 엄마가 매력적이고 여성스럽고 보호받아야 하는 깃털처럼 여린 사람이며 현관문 자물쇠가 도대체 어떻게 작동하는지도 모르는 사람이라고 생각하고 있습니다.

물고기자리 여성은 멍하고 꿈꾸는 듯한 표정을 짓고 있습니다. 경제에 대해서는 아무것도 모르지만 유명 디자이너가 코디를 해 준 것처럼 옷을 입고, 월세도 꼬박꼬박 내며, 손자들 한 무리에게 일곱 가지 코스 요리도 자주 해 주고, 명절이나 생일에는 근사한 선물도 보내 줍니다. 그것도 쥐꼬리만한 수입으로 말이죠. 또한 두 명의 며느리에게도, 도서관 사서들로 구성된 이상한 조합의 모임에도, 동네 슈퍼마켓에도, 과일가게 아저씨에게도, 다섯 마리도 넘는 길 잃은 고양이들과 아이들에게도, 정육점 주인, 신문 배달원, 그리고 못 믿겠지만 심지어 집주인에게도 열린 마음으로 따뜻한 애정을 줍니다. 싫어하는 사람이 한 명쯤은 있습니다. 남편과 결혼하기 전에 그녀가 딱지를 놓은 남자입니다. 그 남성은 실의에 빠져 해외 파병을 자원했지만 그녀는 그 남자의 이름조차 기억하지 못할 것입니다. 물고기자리 여성은 참으로 무정하지요. 예민하고 기만적입니다.(하지만 아직 이웃 사람들한테는 말하지 마세요.)

물고기자리 여성은 마치 3월의 바람처럼 기분이 오락가락하곤 합니다. 그녀는 아주 감상적이어서 마음에

상처라도 입으면 눈물바다를 만듭니다. 당신을 너무나
도 원망스럽게 쳐다보는 바람에 당신은 마치 작은 토끼
를 총으로 쏜 것 같은 기분이 들지도 모릅니다. 물고기
자리 여성은 가끔 자신이 삶이라는 치열한 전쟁에는 무
방비 상태이고 생존에 필요한 야망도 전혀 없다는 생각
을 합니다. 그럴 때에는 심각한 우울증에 빠지기도 하
죠. 그녀의 깊이 있고 신비한 지혜와 그녀가 따뜻한 우
정으로 품어 주었던 모든 사람들에 대한 탁월한 이해심
을 존경한다고 그녀에게 얘기해 주세요. 그것은 정말 맞
는 말이랍니다. 물고기자리 여성이 배워야 할 가장 어려
운 교훈은 스스로에 대한 의심과 소심함을 극복하는 것
입니다. 그녀는 그러한 두려움이 깊어지면 사람들로부
터 스스로를 차단해 버리고는 왜 자기는 외로울까 고민
합니다. 자신이 남들을 너무 거칠게 대하거나 이용하는
것이 아닐까 걱정하는데, 문제는 아무도 그녀가 그런다
고 생각하지 않는다는 것이죠.

물고기자리 여성은 가끔 재치 있는 농담이나 정교
한 겉치장 또는 냉랭하고 독립적인 모습으로 자신의 수
줍음과 상처받기 쉬운 마음을 가리려고 하는데, 그것은

자기에게 상처를 줄 수도 있는 거친 사람들로부터 자기의 부족한 자신감을 가리기 위한 방어기제일 뿐입니다. 제가 아는 한 물고기자리 여성은 자기 영혼의 진정한 모습을 사랑스러운 노래 가사로 쏟아내는데, 그 가사는 그녀만의 아주 여린 꿈으로 이루어진 비밀스러운 메시지로 가득 차 있습니다. 그녀가 작사를 하고 있지 않을 때에는 차갑고 무정한 커리어 우먼의 모습을 하고 있으며, 사람들이 자신을 그렇게 봐 주기를 원합니다. 하지만 이런 유형의 물고기자리 여성이라 하더라도 자신의 태양별자리를 누를 수는 없습니다. 아무리 독립적인 척해도 그녀는 남자가 그녀를 위해 택시를 대신 잡아 주도록 가만히 서서 기다립니다. 해왕성의 여성이라면 결코 하지 않는 일이 몇 가지 있는데, 사람들 앞에서 여성으로 행동하지 않는 것이 그 중에 하나입니다. 그녀의 내면의 두려움을 진정시켜 주는 많은 남성들을 속이고 "도대체 왜 남편이 필요하겠어요? 자기 인생을 망치기나 하는데."라는 말을 자주 하며 뒤로 한 발짝 물러납니다. 자고 먹고 숨쉬는 것만큼이나 남자와의 긴밀한 관계가 필요한 물고기자리 여성의 입에서 이런 말이 나온다고 생각해 보세요.

　물고기자리 여성은 아이들에게 전부를 줍니다. 물론 당신을 위해서 남겨 둔 가장 큰 부분은 제외하고요. 어쨌거나 그녀는 모든 아이들을 다 사랑하지만 더 못생기고 약하고 더 작고 혹은 더 아픈 자녀에게 마음을 조금 더 줄 것입니다. 엘리자베스 테일러 같은 물고기자리만이 사랑스러운 남자에게 퇴짜를 놓고는 놀란 눈을 한 작은 장애아동을 입양할 수 있을 것입니다.* 물고기자리 여성은 어린 소년의 수줍음과 사춘기 소녀의 성장통을 세상 그 누구보다도 잘 이해해 주는 훌륭한 사람입니다. 물고기자리 어머니는 아기의 머리맡에 앉아서 수많은 꿈을 들려줍니다. 그녀는 자기가 어린 시절에 누리지 못했던 모든 것을 자기 아이에게 해 주기 위해서 스스로를 온전히 희생합니다. 어쩌면 너무 오냐오냐 하는 스타일일 수도 있습니다. 그녀는 아이를 단호하게 가르치지 않는 것은 아이를 지독하게 무시하는 것만큼이나 나쁘

---

* 엘리자베스 테일러는 리처드 버튼과의 결혼 생활 중 독일 여자 아이를 입양했다.

다는 점을 인식할 필요가 있습니다. 예를 들어서 수영을 배우는 아이들을 엄격하게 지도하지 않는 것은 일종의 태만함이라고 할 수도 있지요. 만약 당신의 물고기자리 아내가 너무 관대하다면 잘 설명해 주세요. 그녀는 오해하지 않고 잘 이해할 것이며 실천하려고 노력할 것입니다. 사실 많은 물고기자리 어머니들이 규율과 이해심 사이에서 행복한 중간자 역할을 잘 해내면서 자녀들을 훌륭히 키우고 있답니다.

물고기자리 여성은 기꺼이 당신이 밖에서 돈을 벌도록 할 것입니다. 본인은 약육강식의 경쟁 사회에 뛰어들고 싶어 하지 않습니다. 당신이 절실하게 도움을 필요로 하지 않는 한 말이지요. 전형적인 물고기자리 여성이라면 당신과 결혼하기 전에 큰 회사 같은 곳에서 충분히 겪었을 것입니다. 약간 사치스러운 경향이 있는 물고기자리 여성도 있습니다. 그런 경우에는 경제 관념을 조금 일깨워 주는 것이 좋습니다. 하지만 살림이 어려워져서 와인 취향을 낮추고 쿠폰 북을 열심히 살펴야 하는 상황이 된다면 곧 적응할 것입니다.

물고기자리 여성은 대양의 소리에 귀를 기울이고

바다는 그녀에게 여러 가지를 말해 줍니다. 복잡한 도시 한가운데에서도 여전히 어쩌면 그녀가 알고 싶어 하는 것 이상의 것을 속삭이는 해왕성의 파동을 듣습니다. 물고기자리 여성의 생일이나 기념일 또는 당신이 청혼했던 날 등을 절대로 잊지 마세요. 그녀도 잊지 않으니까요. 저는 어릴 적 학교에 같이 다녔던 물고기자리 친구를 항상 기억할 것입니다. 그 친구는 키가 작고 긴 검은색 머릿결을 가졌으며, 초록빛을 띤 갈색 눈동자에는 묘한 해왕성의 분위기가 감돌았습니다. 결혼을 여러 번 했고, 한 번은 어떤 유명한 미식축구 스타와 결혼했는데 그것은 전혀 예상하지 못했던 일이었죠. 그녀는 자기에게 왜 청혼을 했는지 남편에게 물어보았다고 합니다. 자기도 궁금했던 것이죠. "글쎄, 사실은 나도 그게 좀 웃긴데, 그날은 청혼할 마음이 전혀 없었거든. 우리는 어느 호수 근처의 공원에 있었어. 젊은 아가씨들이 수영을 하고 나서 젖은 머리가 헝클어진 채로 일광욕을 하느라 벤치 위에 누워 있었는데 다들 너무 더워 보이고 땀을 흘리고 있었어. 그때 당신은 그 나무 아래에 하얀 레이스 원피스를 입고 앉아 있었는데 너무 시원해 보이고 다른 사람하고는 전혀 달라 보였지. 나는 당신이 뭐랄까, 정말 여인처럼 보인다고 생각했어." 이것이 바로 물고기자리 여성의 신비한 매력입니다. 물고기자리 여성이 해왕성의 부름을 받아 수녀로 자신의 삶을 헌신하든 시끄러운 나이트클럽에서 관능적인 가수로 살아가든 간에 그녀는 '여인'인 것입니다. 완전한 여인입니다. 100퍼센트 보증합니다.

물고기자리 어린이

♓

아이들은 여전히 이야기를 기다리며
눈을 반짝이고 귀를 쫑긋 세우며
사랑스럽게 가까이 자리할지니.
이상한 나라에 머물면서 날이 지나도록 꿈을 꾸고
여름이 사그라질 때까지 꿈을 꾸네.

황금빛 속에 천천히….
강물을 따라 흘러가네.
인생이란, 한낱 꿈이 아니던가?

익히 알려져 있듯이 아기들은 대부분 배춧잎 아래에서 주워 옵니다. 어떤 아기는 황새 부리에 기저귀가 걸린 채로 배달되거나, 의사의 검은 진료 가방 속에 들어가 병원으로 배달되는 것으로 알고 있습니다. 하지만 당신의 물고기자리 아기는 그렇지 않습니다. 물고기자리 아기는 동화의 나라에서 달빛을 타고 내려왔습니다. 자세히 보면 꿈꾸는 듯한 아기의 눈 속에는 요정들의 모습과

소원을 비는 나무의 모습이 비치는 것을 볼 수 있고, 왼쪽 귀 옆에는 별들의 자국이 아직 남아 있는 것을 볼 수 있을 것입니다. 병원까지 배달될 때쯤에는 날개는 이미 사라졌겠지만 잘 보면 날개가 붙어 있던 자리에 아주 희미하게 흔적이 남아 있을 것입니다.

아기를 낳은 산모를 위한 축하 카드에, 여리고 투명하고 보조개가 있는 분홍빛 아기천사들이 축하 글귀 위에서 날아다니고 있는 그림을 본 적이 있을 것입니다. 그 그림을 그린 화가는 물고기자리 아기를 모델로 했을 것입니다. 당신은 그 그림을 보면서, 물고기자리 아기를 잘 이끌어 귀 옆에 있는 별들의 흔적을 없애면 아이의 삶을 당신이 원하는 대로 이끌 수 있을 것이라고 생각할지도 모릅니다. 그렇게 부드럽고 섬세한 진흙 덩어리 같은 물고기자리 아이니까 안 될 것도 없겠지요? 하지만 다시 한 번 생각해 보세요. 물고기자리 아기는 얼굴이 빨개져라 소리를 지르는 양자리 아기나, 원하는 게 많은 근엄한 사자자리 아기, 혹은 고집이 세고 완강한 황소자리 아기만큼이나 확실하게 자신의 방식을 고집할 것입니다. 유일한 차이점이라면 물고기자리 아이는 자신의 매력으로 당신을 꼼짝 못하게 만들고 살인미소로 자신이 원하는 것을 얻는다는 것입니다.

출생증명서의 잉크가 마르자마자 〈피터팬〉이나 〈이상한 나라의 앨리스〉를 제작하는 어린이 뮤지컬 팀에 지원서를 제출해 두세요. 피터팬과 앨리스 역할은 물고기자리 아이가 가장 좋아하는 역할로, 심지어 무대가 없어도 훌륭하게 연기할 수 있습니다. 그 아이는 아마 여든이 되어도 그런 연극에 출연하고 있을 것입니다. 물고기자리 아기의 부모들은 나이든 사람들이 늘 얘기하는 것처럼 "아이가 더 이상 나이가 들지 않으면 좋겠다."라는 소망을 갖기도 합니다. 세월은 물고기자리 아이에게는 별로 힘을 쓰지 못합니다. 물고기자리에게는 늘 어린아이 같이 꿈꾸는 듯한, 몽환적인 느낌이 늘 안개처럼 드리워져 있습니다. 그 안개는 아이를 늘 신비하고 비현실적인 세계에 빠져들게 할 것입니다.

아기가 자라서 여기저기 기어다니다가 어딘가에 숨을 정도가 되면, 그 특이한 아기는 환상의 세계 속에서 살고 싶어 하는 경향을 보일 것입니다. 물고기자리 아기는 일상 생활과는 거리가 아주 먼 놀이를 즐깁니다. 아기가 높은 의자에 앉아 있을 때 당신이 아기에게 밥을 먹이는 동안 왕비나 광대인 척하면 아이는 마치 천사처럼 음식을 먹을 것입니다. 전등갓을 머리에 쓰거나 오래된 반짝이는 목걸이를 걸치거나 가발 대신 막대걸레를 머리에 올리고 광대처럼 립스틱을 바른 다음 얼굴에 연지를 찍어 보세요. 나머지는 아이의 상상력이 채워 줄 것입니다. 아이가 조금 더 크면 당신이 빨래를 하는 동안 풍선을 몇 개 걸어 주고 음악을 틀어 놓고 헝겊으로 된 동물 인형 몇 개와 팝콘을 주고 서커스장에 와 있다고 이야기해 주면 아이는 행복하게 혼자 놀 것입니다.

아이가 학교에 갈 무렵이 되어 밤에 이상한 꿈들을 꾸기 시작하면 당신은 어느 봄날 아침, 아이의 신발 끈을 묶어 주다가 깜짝 놀랄 일도 생길 것입니다. "어젯밤에 제가 누구를 보았는지 아세요?" 아이는 자신감에 넘쳐 말할 것입니다. 당신은 아이에게 맞춰 주느라 생각하는 척하다가 아이의 녹색 스웨터가 어디로 갔는지 궁금해집니다. 아, 저기 있네요. 아이가 제일 친한 친구라고 정해 준 곰 인형이 입고 있습니다.

"누굴 보았는데?" 하고 물으면 아이는 대수롭지 않

다는 듯이 "할머니요. 한참 동안 저랑 얘기하시다가 가야 한다면서 떠나셨어요. 엄마한테 제라늄 화분에 물 주는 거랑 삼촌한테 돈 보내는 거 잊지 말라고 전해 달라고 하셨어요."라고 말할 것입니다.

할머니는 아이가 태어나기도 전에 돌아가셨기 때문에 이런 상황은 아직 아침 식사도 하지 않은 당신을 약간 아찔하게 만들 수 있습니다. 하지만 그건 아침 식사 후에 아이가 학교에 가고 난 다음에 벌어질 소름 돋는 일과 비교하면 아무것도 아니지요. 우편 배달부가 5년째 아무 소식이 없던 삼촌에게서 온 편지를 주고 갔는데, 편지 내용이 새로운 사업을 시작하니 돈을 좀 빌려 달라는 거였습니다.

아무리 현명한 부모들도 물고기자리 아이에게 맞는 시간표를 짜는 일은 어려워합니다. 물고기자리 아이는 정해진 일과나 규칙적으로 해야 하는 일을 지독히도 싫어하기 때문에 아이는 그런 것들을 피하기 위해 풍부한 상상력을 동원하여 무슨 일이든 할 것입니다. 낮과 밤이 뒤바뀌어 낮에는 자고 밤에 깨어 있는 아기는 주로 물고기자리입니다. 자기가 배가 고플 때 먹고 피곤할 때 자고 무엇인가 자신의 상상력을 자극할 때 놉니다. 시간은 상관이 없지요. 다른 시간에 아기에게 밥을 먹이거나 재우거나 놀게 하는 일은 무척 힘들 것입니다. 아무리 스케줄에 맞추어 아이를 돌보려고 해도 아기가 배고픈 시간, 놀고 싶은 시간, 자고 싶은 시간이 그때그때 상당히 다릅니다. 아기에게 당신의 스케줄을 맞추는 편이 나을 것입니다. 아기는 자기 뜻대로 하려고 엄살을 부리거나 소리를 지르는 경우는 좀처럼 없지만 슬쩍 회피하는 듯한 묘한 기술을 써서 당신을 이기는 경우가 점점 늘어날 것이며, 당신은 혼란스러워하며 결국 항복하게 될 것입니다. 심지어 당신 스스로도 그런 완전한 자유를 점점 좋아하게 될지도 모릅니다. 아기에게 밥을 먹여야 하는 시간에 이웃집 아줌마와 커피를 마시며 수다를 떨어도 죄책감을 느낄 필요가 없고 꼭두새벽에 '공주와 개구리 왕자' 놀이를 하거나 어느 겨울날 흐리고 처지는 오후에 채소 수프와 핫초콜릿을 아기와 함께 먹는 것도 이상하게 재미있어질 것입니다. 심지어 당신의 물고기자리 아기는 저 멍청한 시계가 당신의 인생을 잔인하고 엄격하게 지배하도록 내버려 둘 필요가 전혀 없다는 점을 가르쳐 줄 것입니다. 시계는 그저 째깍거리는 고철 덩어리일 뿐이지요.

물고기자리 아이에게는 관심과 공감을 많이 표현해 주어야 합니다. 자신의 능력에 자신없어하기 때문에 항상 관심을 갖고 용기를 불어넣어 주어야 합니다. 가능한 많이 북돋워 주세요. 아이는 또한 개인적인 시간도 필요로 합니다. 혼자서 수면 아래로 가라앉는 신비로운 시간을 가지도록 내버려 두세요. 아이의 마음은 수백 광년 떨어진 곳에 가 있기 때문에 당신은 따라갈 수 없습니다. 시간이 충분히 지나면 채소 수프와 핫초콜릿을 먹으러 다시 돌아올 것입니다. 그때에는 점심 식사와 저녁 식사 시간이 바뀔 것입니다. 아이가 화성에서 온 외계인과 우주선을 타고 왔다고 말하면 그 말을 믿어 주세요. 정말 그럴지도 모르니까요.

학교 선생님들이 물고기자리라는 이상한 모양의 말뚝을 정형화된 교육 시스템의 동그랗거나 네모난 구멍에 끼워 맞추려고 하면 혼란이 발생합니다. 물고기자리 아이는 동그란 구멍에도, 네모난 구멍에도 맞지 않을 수 있기 때문입니다. 아이의 독특한 학습 방법과 학교의 오

래된 관습 사이에서 많은 갈등이 있을 것입니다. 물고기
자리 아이는 자기 방식과 맞지 않는 규칙은 따르기를 거
부합니다. 그렇다고 아이를 너무 나무라지는 마세요. 교
육 제도가 물고기자리의 지혜를 따라가야 하는 부분도
많이 있답니다. 대부분의 물고기자리 아이는 예술적 재
능이 있고 또한 음악과 춤을 좋아합니다. 전형적인 해왕
성의 아이들은 아무리 뚱뚱해도 발은 날렵하답니다. 어
린 소녀들은 발레리나가 되고 싶어 하는 경우도 많이 있
습니다. 남자 아이들은 과학자, 대통령, 장군보다는 베토
벤이나 미켈란젤로, 우주 비행사 또는 성 안토니우스 같
은 영웅을 선택합니다. 물고기자리 아이는 모든 종류의
책을 좋아하며 국어를 가장 좋아할 것입니다. 물고기자
리는 이야기꾼이거든요. 또 언어를 좋아해서 시에 끌릴
때가 많습니다. 처음에는 수학을 잘 이해하지 못하는 경
향이 있는데, 나중에는 대수학과 기하학의 배경이 되는
이론까지 놀라울 정도로 정확하게 파악할 것입니다.

　　물고기자리 아이는 책임감이 부족해서 당신에게 실
망감을 줄 수도 있습니다. 이 아이는 자신만의 고유한
규칙을 따릅니다. 부당한 대접을 받으면 예민해서 쉽게

상처를 받을 수 있습니다. 또한 자주 눈물을 흘리기도 합니다. 물고기자리 아이는 또래 아이들과 노는 것보다는 어른들과 함께 있는 것을 더 좋아하는 경향도 있습니다. 어린 나이에도 지혜가 많고 주변에서 일어나는 상황을 잘 이해하면서 동정하는 마음을 품는 경우가 많습니다. 해왕성의 아이는 거짓말을 한다는 비난을 받을 수도 있는데, 사실 아이의 입장에서는 거짓말이 아닙니다. 떳떳하지 못한 의도나 악의는 전혀 없거든요. 아이의 어린 마음은 아이에게 흥미롭고 아름다운 수천 가지 비밀을 속삭여 주는 상상의 바다 속에서 헤엄치고 있기 때문에 냉엄한 현실 세계에서 살 수 있도록 당신이 도와줄 수밖에 없습니다. 척박하고 메마른 물질주의 사회에서 아이의 사랑스러운 꿈이 생명력을 쉽게 잃는다는 사실은 몹시 가슴 아픈 일입니다. 아이는 당신의 깊은 동정심을 필요로 하는데, 그것이 충분하지 않을 경우에 우울하고 절망적인 침묵 속으로 빠지게 될 것입니다.

물고기자리 아이는 스스로도 전혀 설명할 수 없는 바다의 노래를 듣습니다. 냉엄하고 추악한 진실은 아이가 감내하기에는 너무 잔인하지요. 그래서 가끔은 그 진실을 해왕성의 낭만적인 색채로 보기 좋게 꾸미거나 따뜻하게 색칠합니다. 그런 행동을 두고 진실하지 않다고 표현하는 것은 너무 가혹합니다. 대신 아이가 구름과 달빛을 모아서 시나 희곡 또는 그림으로 엮어 낼 수 있도록 용기를 불어넣어 주세요. 얼마 가지 않아 아이는 잔인하고 이기적이며 탐욕적인 이 세상에 적응하는 방법을 배울 것입니다. 아이를 냉혹하게 밀어붙일 필요는 없답니다. 그 아이는 자신의 개성을 말살시키려고 하는 사회와 학교의 요구에 부합하는 방법을 배우는 것을 어려워할 것입니다. 하지만 한편으로 아이의 부모나 선생님들은 아이로부터 연민, 이해심, 아름다움, 관용 그리고 너그러움의 미덕을 배울 수 있습니다. 모든 것은 당신이 인생에서 무엇에 가장 큰 가치를 두느냐에 달려 있습니다.

언젠가는 물고기자리의 자유로운 가치관과 사회의 획일화된 가치관 중 하나가 이기겠지요. 저는 물고기자리 쪽에 걸겠습니다. 물론 그 아이가 이 세상에서 살아남기 위해서는 사람들이 만들어 놓은 혼란스러운 세상 이치에 적응해야 한다는 점을 다정하고 따뜻한 마음

씨를 지닌 어린 물고기자리에게 가르쳐 주어야만 합니다. 하지만 엄격하고 부정적인 어른들이 아이를 너무 강하게 몰아세우면 아이는 거울의 다른 쪽 출구로 돌아오는 길을 잃어버릴 것입니다. 아이의 열쇠를 훔치지 마세요. 아이는 『이상한 나라의 앨리스』에 나오는 여왕과 기사의 진실한 지혜로 자신의 생기를 되찾기 위해 가끔은 다른 세상에 가 있을 필요가 있습니다. 그러면 아이는 전쟁, 굶주림, 질병, 위선적인 도덕이 만연한 이 배은망덕한 현실 세계에 더 잘 대처할 수 있습니다. 당신의 물고기자리 아이는 앞으로 닥쳐올 냉혹한 바람으로부터 자신을 보호해 줄 망토가 필요합니다. 당신이 직접 밝고 화사하고 튼튼한 실로 망토를 짜 주세요. 아이의 방식을 이해하려고 노력해 보세요. 아이를 부드럽고 현명하게 이끌어 주세요. 아이가 충분히 자라면 어느 날 갑자기 반짝이는 별을 따다가 당신에게 가져다 줄 것입니다. 당신은 그때가 되면 아이의 꿈을 비웃지 않은 당신의 선택을 뿌듯하게 생각할 것입니다. 지금이라도 당장 아이의 별을 걸어 둘 자리를 마련해 두는 것도 좋겠지요?

물고기자리 사장

♓

젊은이가 말했네.
"신부님은 늙으셨어요. 눈도 예전 같지 않으실 테고요.
그런데 아직까지 코끝에 뱀장어를 올려놓고도 균형을 잡으시다니
어떻게 그렇게 재주가 좋으세요?"

전형적인 물고기자리 사장에 대해서 회사에서 벌어지는 대화는 대개 이렇습니다.

"지난주에 회사에 채용되어서 새로 온 사장 이름이 뭐지?"

"어제 우리랑 같이 커피 한 잔 했던 사람 말이야?"

"아니. 오늘 아침에 그만둔 사람 말이야."

약간 과장하자면 일반적인 물고기자리가 사장 자리
에 머무르는 평균 시간은 약 1주일 정도입니다. 물고기
자리 사장은 극히 드문데, 우리는 여기서 그 극히 드문
경우에 대해서 알아보도록 하겠습니다. 대부분의 산업
분야에서 물고기자리 사장은 북극에서 비키니 수영복을
입은 사람만큼이나 희귀한 존재입니다. 물고기자리는
마치 혼자서 수영을 하는 것처럼 자유롭게 지내는 것을
좋아하기 때문에 작가, 세일즈맨, 화가, 배우, 음유시인
또는 풍운아들이 많습니다.

하지만 그들은 물고기자리의 능력이 없어서는 안
될 몇 가지 분야에서는 사장직을 맡기도 합니다. 물고기
자리는 라디오 방송국이나 텔레비전 방송국, 광고, 홍보
등에서 탁월한 능력을 발휘하지요. 이런 분야의 회사에
서 물고기자리 사장은 넘쳐나는 상상력의 샘에서 창의
적인 아이디어를 꺼내어 이곳저곳 나누어 줄 것입니다.
물고기자리는 다른 별자리들이 하는 것처럼 평범하고
잔인하기까지 한 진실을 굳이 끄집어내야 할 이유를 느
끼지 못합니다. 쌍둥이자리, 사수자리, 전갈자리와는 다
르게 물고기자리는 사실을 사실대로 말하는 것을 좋아

하지 않습니다. 물고기자리는 자신의 생각이 나중에는 가장 큰 효과를 얻을 것이라고 말하는 편입니다. 그들이 정직하지 않기 때문이 아닙니다. 사회가 냉엄하고 벌거벗은 진실을 별로 듣고 싶어 하지 않는다는 사실을 쓰라린 경험을 통해 배웠기 때문입니다. 게다가 물고기자리는 사람들의 영혼에는 더 엄숙한 옷을 입혀야 하고 건전한 사실에는 아름다움을 덧칠해야 한다고 생각합니다. 그러니 광고 업계에서 물고기자리 사장을 좋아할 수밖에 없죠.

물고기자리 사장은 연극과 영화판에서 최고의 감독이며 또한 프로듀서로서도 능력이 훌륭합니다. (회사에 좋은 관리자를 두고 있다면) 물고기자리 사장은 댄스 스튜디오도 마치 꿈처럼 환상적으로 운영할 수 있습니다. 수사팀이나 연구팀의 팀장이라면 신기한 초능력으로 미스터리를 꿰뚫어서 그 문제의 본질에 다가갈 수 있습니다. 많은 여행사들이 물고기자리를 사장으로 두고 있고, 그런 회사는 대체로 이윤을 많이 냅니다. 물고기자리는 또한 자선 단체의 대표직을 맡고 있는 경우도 종종 있습니다. 또한 오케스트라나 밴드도 잘 이끌 수 있으며 훌륭한 음악을 작곡하는 것뿐만 아니라 리허설도 원만하게 잘 진행되도록 합니다. 컨트리클럽이나 호텔의 관리자로서도 누구보다 탁월한 능력을 발휘합니다.(역시 마찬가지로 똑똑한 회계사가 있어야 가능합니다.) 진보적인 출판사나 잡지 또는 신문사도 유능하게, 심지어는 아주 탁월하게 운영할 수 있습니다. 물고기자리는 서비스 사업 쪽으로 진로를 정하는 경우도 많고 캠프나 교회, 예배당에서도 공적인 지위를 훌륭하게 소화해 낼 수 있습니다. 하지만 교사나 교수, 그리고 의대나 법대 등의 관리자 등을 제외하면 앞서 설명한 분야가 전부입니다. 물고기자리는 엄격한 의미에서는 사장 역할에는 어울리지 않게 태어난 사람들입니다.

물고기자리는 예민한 성품을 바탕으로 인류에 봉사하기 위해 태어난 사람들이지 힘을 축적하거나 거대한 제국을 건설하기 위해 태어난 사람들은 아닙니다. 유능한 증권 중개인이나 기민한 투자가가 될 수는 있지만, 증권 회사나 투자 회사의 대표를 맡을 확률은 거의 없습니다. 책임이 너무 많이 따르는 직업이기 때문이죠. 하지만 빠르고 영리한 머리와 가끔은 믿을 수 없을 정도로 사물을 잘 파악하는 능력 덕분에 물고기자리는 등락을 거듭하는 주식 시장에서 상당한 재미를 맛볼 수도 있습니다. 마치 그것을 일이라기보다는 무슨 게임처럼 생각하면서 말이지요.

물고기자리 사장 중에는 화가 나면 여자 아이처럼 토라지는 타입도 있습니다. 물고기자리는 언어에 재주가 있어서 퉁명스러울 때에는 사람들에게 상처를 줄 정도로 신랄한 말을 퍼붓기도 하지만, 공격적으로 사람들 위에 군림하려는 태도나 아주 비열하고 쩨쩨하게 구는 경우는 좀처럼 없습니다. 어떤 순간에는 아주 급진적인 아이디어로 당신을 놀라게 했다가도 곧 믿을 수 없이 돌변해서 체제 순응주의자처럼 보이기도 합니다. 하지만 곧 사장이 급진적인 자유주의자도 아니고 신중한 보수파도 아니라는 사실을 알아채게 될 것입니다. 때로는 그 양쪽 견해를 모두 취하면서 당신의 생각이 무엇인지 알아내려고 하기도 합니다. 다른 말로 하면 아주 교묘해질 수 있습니다. 당신의 생각과 대화가 흥미롭다고 생각되면 당신의 물고기자리 사장은 아주 집중해서 조용히 그리고 진지하게 당신의 이야기를 들을 것이며 심지어는 보다 편안한 분위기를 연출하기 위해 술도 한 잔 권할 것입니다. 만약 당신의 이야기가 지루하다고 생각되면 그의 마음은 방황하기 시작할 것입니다. 당신이 말하고 있는 동안 그는 얼굴에 조심스러운 미소를 띠면서 먼 곳에 있는 사람이나 장소에 대한 딴 생각을 할 것입니다. 모든 물고기자리는 탁월한 배우이기 때문에 당신은 사장이 얘기를 잘 듣고 있다고 생각하겠지만, 어느 정도 시간이 지나고 나면 그는 머릿속 방황이 지겨워지고 여전히 종알거리고 있는 당신의 말을 끊고 싶어질 것입니다. 그러면 이제 사장이 이야기를 시작하고 당신은 들어야 합니다. 가끔은 몇 시간이고 계속되기도 하지요.

물고기자리 사장은 여행을 많이 다녔을 것입니다. 혹시 그렇지 않다면 그 동안 여행을 다니지 않았던 것을 스스로 보상받기 위해서 여행을 떠날 것입니다. 사수자리나 쌍둥이자리 사장처럼 물고기자리 사장은 집무실 한쪽에 여행 가방을 늘 두고 있을 것입니다. 아직 그렇게 하고 있지 않다면 앞으로 그렇게 해야 합니다. 사장에게 제안해 보세요. 사장은 아마 아주 훌륭한 아이디어라고 생각할 것입니다. 게다가 여행 가방이 꾸려져 있고 떠날 준비가 되어 있다는 사실만으로도, 어느 눈 내리는 겨울날이나 흐리고 비 오는 날에 너무 지겨워서 사무실 창밖으로 뛰어내리고 싶은 순간에 묘한 안도감을 느낄 수 있습니다. 물고기자리 사장은 때로 우울한 기분이 들 때가 있는데 그 상태가 정말 심각해질 수도 있습니다. 그럴 때에는 가능하면 사장을 혼자 내버려 둔 채로 당신은 일을 하면서 쾌활한 멜로디를 흥얼거리고, 사장에게는 근사한 술 한 잔을 가져다주는 것을 잊지 마세요.

당신은 사장의 아내들(?)을 깍듯이 모셔야 합니다.(저도 모르게 복수형으로 말했군요. 쌍둥이자리, 사수자리 사장처럼 물고기자리 사장도 결혼을 여러 번 할 확률이 다른 별자리보다는 높습니다.) 사장의 아내는 아마도 친절하고 지각 있으며 실용적인 여성일 것입니다. 만약 그녀가 남편처럼 상상력이 풍부하고 독창적인 사람이라면, 두 사람은 함께 희미한 꿈과 환상의 바다에 빠질 확률이 높습니다.

물고기자리 사장은 창의적인 사고를 하는 직원을 다른 사람들보다 좀 더 편애하는 경향이 있습니다. 당신이 풍부한 상상력보다는 신중한 경향의 소유자라면 사장으로부터 샴페인 잔이나 다정한 미소를 그다지 많이 받지는 못하겠지만 그렇다고 해고되지는 않을 것입니다. 그 사장은 다른 직원들과 보내는 시간을 보다 더 즐기겠지만 여전히 당신을 필요로 합니다. 당신의 실용적인 접근과 조직적인 능력에 의지하고 있습니다. 물고기자리 사장의 총애를 받는 창의적인 직원도 회사가 비용 절감 정책을 펼칠 때에는 물고기자리 사장의 재기 넘치는 아이디어에 충격을 받을 수 있는데, 사장은 그 창의적인 직원들을 단칼에 해고하고 꾸준하고 믿을 만하며 좀 따분할 수도 있는 직원들을 회사에 남길 것입니다. 물고기자리는 이별을 슬퍼하지만 자신을 포함한 인간의 본성에 대해서는 아주 판단이 빠릅니다. 그는 비록 회사의 일과 창의적인 직원들의 발전적 업적을 즐기기는 하지만, 신중한 기획력과 회사의 합리적 원칙들의 지원을 받는다면 사장의 창의적인 작업이 보다 원활하게 운영될 수 있습니다. 그런 지원을 제공하는 사람이 누구인가는 별로 중요하지 않습니다. 물고기자리 사장은 신중함과 보수적 태도는 좀 부족하지만, 그래도 자신의 약점은 정확하게 인식하고 있습니다. 회사가 잘 될 때에는 대범하고 열정적인 몽상가들을 얼마든지 고용할 수 있지만, 회사의 이윤이 떨어질 때에는 꾸준하게 열심히 일하는 직원들의 도움 없이는 살아남을 수가 없지요. 상황이 나아져서 자신과 더 잘 맞는 비현실적 타입의 직원들을 고용할 만한 여건이 될 때까지는 대범하고 열정적인 꿈을 꾸는 부서의 일을 자신이 직접 담당할 것입니다. 물론 모든 규칙에는 예외가 있는 법이지만 당신의 물고기자리 사장에게 당신은 진지하면서도 동시에 파격적인 생각도 할 수 있는 직원이라는 점을 인식시켜 두는 것도 좋을 것입니다.

물고기자리 사장은 급여 인상을 원하는 직원들을 응대할 중간 관리자로 염소자리나 황소자리 직원을 이미 두고 있을 것입니다. 그는 자신이 직접 급여 인상 문제를 들어 주어서는 안 된다는 것 정도는 알고 있습니다. 물고기자리는 절실한 필요나 욕망을 가지고 있는 사람에게 거부 의사를 밝히는 것이 거의 불가능한 본성을 타고났습니다. 그러니 가능한 그럴 기회를 차단해야 한다는 것도 알고 있지요.

물고기자리 사장은 두 개의 다른 세상에 살고 있다

는 점을 명심하세요. 성격이 나뉘어 있다는 것은 혼란스러운 인성을 만들어 낼 수도 있지만 또한 뛰어난 능력을 발휘할 수도 있음을 의미합니다. 그 사장의 생각은 물고기자리 아인슈타인처럼 추상적이고 심오할 수도 있는데, 아인슈타인의 "신은 주사위를 던지지 않는다."라는 말은 수학적 확률이라는 것이 꼭 신성불가침일 필요는 없다는 뜻입니다. 당신의 물고기자리 사장은 전통적인 사업 절차에 대해서 이와 같은 생각을 가지고 있고, 사장의 이야기가 아무리 처음에는 환상처럼 들리더라도 시간이 지나면 물고기자리 사장의 직감이 옳다는 것이 증명됩니다. 물고기자리 사장은 내적으로는 신비주의자이며 보이지 않는 초자연적인 대상을 은밀하게 믿지만, 그 믿음 자체에 대해서는 약간 부끄러워할 수도 있습니다. 그렇다고 해서 책상에 앉아 주술을 외우거나 명상 자세로 앉아 있거나 하지는 않습니다. 사람들이 자신에게 신통한 기운이 있다는 것을 알게 되면 웃음거리가 될까 봐 두렵기 때문입니다. 하지만 그가 강인한 현실주의자처럼 보이도록 아무리 열심히 노력해도 사람들은 어떤 식으로든 알아차리게 될 것입니다.

당신의 남자친구가 두 사람이 꿈꾸던 미래를 약혼 반지와 함께 던져 버리고 도망가 버리는 바람에 크게 상심했던 때를 기억해 보세요. 물고기자리 사장이 우연히 당신을 저녁 식사에 초대해서 당신을 크게 칭찬해 주면서 슬픔에 빠진 당신의 기분을 바꾸어 주었고, 식사 후에는 서둘러 당신을 극장으로 데리고 갔지요. 연극이 끝난 후에 당신을 무대 뒤로 데리고 가서 주연 배우들을 소개해 주었고, 사람들에게 늦은 저녁을 대접했지요. 맛난 음식과 와인 그리고 흥미로운 대화로 사장은 당신의 머릿속에서 그 변덕쟁이 약혼자에 대한 생각을 모두 없애 주었습니다. 가끔은 일부러 당신에게 거칠게 대하곤 해서 그런 줄 몰랐지만, 몇 주가 지나고 난 뒤에 알고 봤더니 사장은 당신이 더 이상 그 문제로 고통 받지 않을 때까지 당신의 기분을 북돋워 주기 위한 작은 방법을 찾은 것뿐이었습니다. 당신은 그 파혼에 대해 회사에 있는 누구에게도 말한 적이 없었지요. 그런데 사장은 도대체 당신이 도움이 필요했던 것을 어떻게 알았을까요? 사장의 손금을 보고 그의 미래를 읽어 준 집시가 당신 얘기를 해 주었을지도 모릅니다. 그 집시는 그의 손바닥에 아주 희귀한 손금이 있다는 것을 바로 알아차렸을 것입니다. 그 손금은 사장이 연민으로 가득 찬 천재라고 말하고 있었습니다. 우리 주변에 그런 사람은 흔하지 않습니다. 그래서 당신의 사장이 드문 물고기자리라는 것입니다.

물고기자리 직원

♓

물고기자리 직원의 능력은 그가 어느 분야에 있느냐에 따라 달라질 수 있습니다. 직업이 자기와 맞지 않으면 불쌍한 부적응자가 될 수도 있어서 이리 저리 옮겨 다니다가 결국에는 자신의 꿈을 실현하기 위한 회사를 직접 차리는 것이 낫겠다는 결론을 내리게 됩니다.

물고기자리 직원은 다른 사람들과 함께 팀의 일원으로서 성공적으로 일하기 위해서는 예민한 감수성이 다치지 않을 만한 일을 해야만 합니다. 누구보다도 인간의 고뇌를 잘 이해하는 그의 능력을 활용할 수 있는 기회를 제공하거나 독창적인 상상력을 발전적인 도구로 사용할 수 있는 직책에 앉혀야 합니다. 이렇게 마음 깊이 자리 잡고 있는 해왕성의 욕구 중에 한 가지라도 충족되지 못하면 그는 기가 꺾이는 것은 물론이거니와 나태하고 무심한 직원이 되어 버릴 것입니다. 하지만 이런 욕구가 충족되면 물고기자리 직원은 회사의 보물 같은 존재가 되어서 자기 분야에서는 대체 불가능한 귀중한 인력이 될 것입니다. 물고기자리 직원이 기분 좋을 때에는 세부 사항에 엄청난 집중을 기울여서 당신을 놀라게 하기도 합니다. 이런 모습이 물고기자리의 두드러진 신비주의적 경향과는 완전히 불일치하는 것처럼 보이지만, 물고기자리 직원은 다른 모든 별자리 직원들을 능가하는 재능이 있습니다. 천문해석학에서 종종 말하는 것처럼 '열두 별자리의 쓰레기통'이 될 수도 있고 빛나는 영광으로 향하는 전환점이 될 수도 있습니다. 그 영광은 별에 의지해서 이룰 필요는 없습니다. 물고기자리 직원은 자신이 하고 있는 일에 만족한다면 바로 당신의 회사에서 그것을 조용하게 이룰 수도 있답니다.

물고기자리 직원이 있는 회사에서 가장 자주 들을 수 있는 말은 "도대체 이해가 안 돼. 도대체 그 친구는 뭘 하고 있는 거야?"라는 불평입니다. 다른 직원들은 절대로 알 수가 없습니다. 물고기자리는 남성이나 여성이나, 마음속의 의심이나 혼란 때문에 자신의 동기와 진짜 목표를 위장하도록 스스로를 강요합니다. 자신의 본성을 모두 드러내면 사람들이 깜짝 놀라거나 충격을 받을까 봐 알아서 감추는 것이지요. 가끔 있는, 수다스러운 물고기자리가 하는 모든 말은 위선적일 때가 많습니다. 일부 물고기자리가 하는 것처럼 밤을 새워 얘기한다고 해도 여전히 자신이 정말로 어떤 생각을 하는지는 드러내지 않습니다. 조용한 물고기자리도 가장 흥미로운 생각과 아이디어를 비밀에 부쳐 두기 때문에 우리를 좀 당황스럽게 할 수 있습니다. 꿈꾸는 물고기자리가 머릿속에서 도대체 무슨 생각을 하는지 당신은 영원히 모를 수도 있습니다.

물고기자리 직원은 자신의 일에 만족하면 놀라운 책임감을 발휘하며 일할 것입니다. 하지만 행복하지 않다면 그는 조용히 가라앉습니다. 육체만 그곳에 있을 뿐입니다. 결국에는 그의 육체도 사라지고 그 물고기자리 직원의 미소와 어질던 눈빛에 대한 기억만 남게 되겠지요. 이 다루기 힘든 물고기자리 직원을 평화롭게 해 주는 일은 쉽지 않습니다. 물이 썩기 시작하면 물고기자리 직원은 당신이 그의 연못물을 새로 갈아 주기도 전에 이미 다른 곳으로 헤엄쳐 가 버리기 때문에 당신은 허탈함을 맛볼 수도 있습니다. 물고기자리 직원이 자신이 진정으로 원하는 바를 좀 더 드러낸다면 해결책을 찾을 수도 있겠지만, 물고기자리는 장시간 솔직한 토론을 하면서 일을 바로잡기보다는 갑작스러운 변화를 택하는 경향이 있습니다.

물고기자리가 예술 분야에 많이 종사하고 있다는 사실은 의심의 여지가 없지만, 그 예술 분야는 당신이 추측하는 것보다 훨씬 광범위합니다. 물고기자리는 극장에서 조명을 다루거나 박물관에 그림을 매다는 일, 인형 옷에 레이스를 다는 일, 금관악기를 닦는 일, 또는 책표지를 디자인하는 일도 모두 좋아합니다. 이들은 꼬마들에게 춤을 가르치거나, 파티를 준비하면서 풍선을 불거나, 꽃꽂이를 하거나, 포스터를 기획하거나, 글을 쓰거나, 색다른 머리 스타일을 시험하는 일로 몇 시간이고 행복하게 보낼 수 있습니다. 가끔 물고기자리가 수학, 기계, 또는 전산과 관련된 공학 쪽 업무에 종사하는 경우를 볼 수 있는데 그런 경우에도 물고기자리는 여전히 추상적인 관점에서 그 분야를 공략합니다.

물고기자리는 학생들 각자의 특성을 놀라운 통찰력으로 파악하고 자신이 가르치는 과목을 깊게 이해해서 훌륭한 선생님이 되기도 합니다. 또한 음식과 음료를 준비하고 유통하거나 또는 고급스러운 레스토랑에서 음식을 서빙하거나 레스토랑을 사교적으로 우아하게 잘 운영하는 능력도 있습니다.

만약 당신의 사업 분야가 의약품이나 병원, 또는 조제와 관련된 분야라면 물고기자리 직원은 아마도 당신의 오른팔일 것입니다. 물고기자리만큼 훌륭하게 병자들을 잘 돌보는 사람은 없을 것입니다. 의약품 쪽도 잘 맞는 분야입니다. 하지만 불행하게도 물고기자리는 자신의 감수성으로 인해 주변 환경에 너무 잘 빠져들기 때문에 정신적·감정적·신체적인 건강에 부정적 영향을 받을 수 있습니다. 만약 물고기자리가 순간적인 감정이입 본능을 잘 제어한다면 건강 분야에서도 빛나는 역할을 할 수 있습니다. 사회봉사와 관련된 일은 말할 것도 없고, 많은 물고기자리들이 불쌍한 사람들의 복지 증진과 관련된 분야에서 효율적으로 일하고 있는 모습을 볼 수 있을 것입니다.

물고기자리는 자신의 환경과 같은 색깔을 띠는 경향이 있습니다. 물고기자리 직원을 칙칙하고 좁고 가구도 거의 없는 사무실에 처박아 둔다면 그는 곧 그 사무실처럼 보이기 시작할 것입니다. 어느 날 들여다보면 그는 업무 환경에 완전히 동화되어 있을 것입니다. 대화는 칙칙하고 아이디어도 빈약하고 지루합니다. 이 무기력하고 지루하고 냉담하고 창백한 직원을 보면 당신이 고용했던 밝고 활발하고 참신한 상상력이 넘쳐나던, 다채로운 얘깃거리와 반짝이는 아이디어를 가지고 있던 화사한 색깔의 옷을 입고 있던 사람은 도대체 어디로 갔을까 궁금해질 것입니다. 하지만 걱정 마세요. 이런 식의 물고기자리의 변형은 다른 개인적인 문제들보다도 고치기 쉽습니다. 사무실에 화사한 색상의 커튼을 달아 주고 바닥에는 부드러운 옥색 카펫을 깔아 주고 책상 위에는 데이지 꽃 한 다발을 꽃병에 담아 주세요. 부드럽고 나지막한 음악을 틀어놓고 한 시간 정도 그를 향해 미소를 지어 주세요. 몇 시간 지나고 나면 당신이 고용했던 그 물고기자리는 다시 본연의 색깔을 찾기 시작할 것입니다. 물고기자리의 성격은 설명하기 쉽지 않지만 제대로 된 미끼만 사용한다면 낚는 일은 정말 쉽습니다.

물고기자리 비서는 집에서는 꾸미지도 않고 대충 지낼지 모르지만 회사에는 아주 말쑥한 모습을 보일 것입니다. 자신만의 시간에는 몽상을 하겠지만 업무 시간에는 체계적으로 일하려고 노력합니다. 물론 예외가 있어서 마음이 엉뚱한 쪽으로 방황하기도 하지요. 제가 예전에 일하던 라디오 방송국에서 함께 일하던 물고기자리 여성이 있었는데 문서를 정말 특이하게 관리했습니다. 늘 그렇게 하지는 않았지요. 어쩌면 주말에 집필 중인 소설에 온통 마음이 가 있었기 때문이 아닐까 싶습니다. 어느 날 사장이 그녀에게 문서 보관 캐비닛 중에 'L'이라고 표시되어 있는 서랍은 무엇으로 가득 차 있기에 잘 닫히지도 않고 지나다닐 때마다 매번 부딪히게 만드냐고 물었지요. 그녀의 대답은 정말 의외의 것이었습니다. "그게 다 우편물 받은 거예요." 하지만 물고기자리만 탓할 수는 없습니다. 그 직원은 사실 동쪽별자리가 사수자리이고 달별자리는 물병자리였기 때문에 정리정돈을 잘 못하고 어수선했던 것입니다.

일반적인 물고기자리 여성은 좀 더 전통적인 스타일입니다. 친절하고 배려심이 많고 다른 직원들하고 아주 잘 어울릴 것입니다. 일종의 엄마 같은 역할을 합니다. 다른 직원들은 크건 작건 고민거리가 생기면 모두 그녀에게 가서 털어놓을 것입니다. 그녀는 아주 동정심이 많고 잘 들어 주는 타입이기 때문에 당신도 때로는 그녀의 어깨에 기대어 울게 될지도 모릅니다. 그녀는 재미 삼아 타로 카드를 읽어 주기도 하고(그녀는 실제로 타로를 진지하게 받아들입니다.) 당신의 마음을 아주 쉽게 읽어 낼 수도 있습니다. 그러니 그녀가 당신 책상 옆을 지나갈 때에는 당신 머릿속 생각을 조심하세요.

가끔 물고기자리 직원 중에는 약간 까다롭거나 비판적인 사람도 있지만, 주변 사람들을 정말로 힘들게 할 만큼 심각하게 불만을 늘어놓지는 않습니다. 이런 물고기자리가 안정감을 느끼기 위해서는 양자리나 사자자리만큼이나 많은 칭찬을 필요로 하는데, 그것도 진심에서 우러나온 칭찬이 아닌 경우에는 금방 눈치 챌 것입니다. 누군가가 물고기자리를 꾸짖고 나면 하루 이틀 동안 그 직원의 행방이 묘연할지도 모릅니다. 회사를 그만둔 것은 아닙니다. 아직은 아니죠. 그는 책상 위에 있는 발신용 우편함 뒤에 숨어서 말도 안 하고 움직이지도 않고 숨소리도 내지 않으면서 마치 보이지 않는 사람처럼 행동할 것입니다. 그는 상처받은 것입니다. 그 직원을 다시 밝게 만들려면 뭔가 아주 감동적인 일을 해야만 합니다. 물고기자리는 정말 예민하다는 말, 기억하시지요? 당신의 기분이 바뀌면 물고기자리 직원의 기분도 바뀝니다. 물고기자리는 상황이 힘들어지면 다른 사람들로부터 자신을 차단하는 경향이 있습니다. 물고기자리 직원은 밝은 햇살과 아름다운 장밋빛 감정을 추구합니다. 회색이나 검은색이 나타나면 도망쳐서 깊은 곳으로 잠수합니다. 무심한 말 한 마디가 물고기자리를 속으로 울게 만들 수 있습니다. 그가 비록 그것을 감추기 위해 겉으로는 농담을 할지라도 말이지요. 물고기자리는 늘 재치 있는 말재주와(비록 남들은 잘 눈치 채지 못하지만) 유머 감각을 가지고 있습니다.

물고기자리 직원에게 돈은 큰 의미가 없습니다. 물론 높은 급여와 보너스를 받고 싶어 하기는 하지만 회사의 상황이 안 좋을 때 일시적으로 급여가 삭감되어도 크게 신경 쓰지 않습니다.(부양가족이 많을 경우에는 좀 다를 수 있겠지요.) 실제로 많은 물고기자리는 사장이 직원 대출에 대해 긍정적인 생각을 가지고 있다면 적당한 급여에 만족합니다. 물고기자리는 종종 급여일 당일이나 하루 전에 빈털터리 상태로 당신에게 와서 천진난만하게 웃으며 돈을 빌려 달라고 부탁할 수도 있습니다. 그리고 당신이 상기시켜 주지 않으면 돈을 갚는 것을 잊어버릴 수도 있습니다. 의도는 나쁘지 않지만 물고기자리 직원은 항상 뭔가를 더 필요로 합니다. 대개는 그 직원이 다른 사람에게 돈을 주었기 때문에 그럴 것입니다. 물이 체를 빠져나가는 것처럼 돈이 물고기자리를 그냥 거쳐 가는 것처럼 보입니다. 돈이 지나가는 통로 정도라고 볼 수 있겠죠. 당신에게 돈을 빌리고 바로 돌아서서, 수술이 필요한 아내를 둔 친구에게 줍니다. 당신이 빌려 준 돈을 갚는 일에는 소홀하지만 당신이 일시적으로 돈이 궁할 때에는 자기에게 남은 마지막 지폐라도 기꺼이 내어 줄 것이며 그 돈을 다시 돌려받는 일에 대해서는 예전에 당신에게 빌린 돈을 갚는 일에 대해서보다도 더 무심할 수 있습니다. 실제로 가끔은 누가 누구에게 얼마를 빚지고 있는지 헷갈려 하기도 합니다. 전형적인 물고기자리가 돈의 흐름을 보는 관점도 바로 그렇습니다. 좀 혼란스럽기는 하지만 물고기자리는 돈이 이곳저곳으로 뿌려지기 위해 만들어졌다고 생각합니다. 누군가 돈이 필요하면 그 사람에게 돈이 가야 합니다. 당신이 돈이 필요 없다면 그 돈은 당신을 그냥 지나가면 됩니다. 빵가루를 물 위에 뿌리는 것과 같은 것입니다. 이것은 물고기자리들에게는 놀라울 만큼 잘 적용되지만 이런 물고기자리의 철학은 다른 별자리 사람들에게는 당황스러울 수 있습니다.(물론 동쪽별자리가 처녀자리, 게자리 또는 염소자리이거나 달별자리가 물병자리나 황소자리라면 이런 재미가 반감될 것입니다.)

물고기자리 직원은 해고당하는 경우보다 스스로 퇴직하는 경우가 더 많습니다. 물고기자리는 인간의 본성

을 매우 기민하게 알아차리기 때문에 해고 통보가 날아
올 때까지 기다릴 수가 없습니다. 당신이 자신에게 불만
이 있다는 것을 사전에 감지하고, 당신이 자신을 난처하
게 만들기 전에 먼저 빠져나갑니다. 일하는 아내를 둔
유부남 물고기자리보다 미혼 물고기자리 남성들이 회사
를 쉽게 그만두지 않는 편입니다. 사실 필요하다면 기꺼
이 일을 하겠다고 했던 것이 유부남 물고기자리가 아내
에게 느낀 가장 큰 매력이었는지도 모릅니다. 물론 사랑
하는 마음도 똑같이 중요하지요. 물고기자리 여성은 자
기의 진정한 경력이라고 여길 만한 예술적인 시도를 하
지 않는 이상, 혐오스러운 경쟁으로부터 자신을 구해 줄
남성이 나타날 때까지 시간만 재고 있을지도 모릅니다.

물고기자리 직원이 당신의 자리를 넘볼 위험은 거
의 없습니다. 그 직원은 오히려 당신이 감당해야 하는
책임들을 보며 속으로 당신을 측은하게 생각하고 있을
것입니다. 무거운 짐을 지고 있는 당신을 위해서 물고기
자리는 분위기를 바꾸려고 합니다. 물고기자리 직원이
얼마나 오랜 기간 동안 당신 회사의 분위기를 밝게 해
주는가는, 방황하는 그 직원의 마음에 회사가 얼마나 많

은 다양한 변화를 제공했는가에 달려 있습니다. 달팽이가 그 직원을 지겹게 하거나 고래나 상어가 잡아먹을 것처럼 협박을 하면 물고기는 다른 곳으로 가 버립니다. 물고기자리 직원은 절대로 해초더미에 발이 걸리지 않을 것입니다.

당신은 끝없는 우주입니다

바빌론까지는 얼마나 멀어요?
60마일하고도 10마일 더 가야지.
촛불만 들고 갈 수 있을까요?
물론이지, 돌아올 수도 있는 걸!
-마더구스 중에서

마더구스의 순백색 깃털을 흔들고 그 이상한 주파수에 채널을 맞추면, 지혜로운 마더구스가 비밀을 보여 줄지도 모릅니다. 언뜻 유치하게 들리는 마더구스의 자장가에는 숨은 보석 같은 지혜가 담겨 있을 것입니다.

바빌론이 얼마나 멀리 있냐고요? 칼레도니아의 샌들 신은 사람들의 시대나 보석을 걸치고 향수를 뿌린 이집트 파라오의 시대에서부터 우주 시대까지는, 혹은 사

라진 아틀란티스 대륙 시대에서부터 제트 항공기 시대
인 21세기까지는 어마어마한 시간의 흐름이 있다는 것
을 알겠습니다. 하지만 실제로 그 시절이 얼마나 멀리
있는 걸까요? 어쩌면 한두 번 꿈을 꾸고 나면 닿을 수
있는 거리인지도 모릅니다.

과학 분야 중에서 유일하게 천문해석학만이 그 오
랜 세월 동안 온전하게 이어져 오고 있습니다. 그 세월
동안 변치 않고 우리 곁에 남아 있다는 사실에 놀랄 필
요는 없습니다. 천문해석학은 진실이고, 진실은 영원하
니까요. 문명이 처음 생길 때부터 마치 모든 여성들과
남성들의 목소리가 메아리치듯이 오늘날 현대에도 똑같
은 말이 반복되고 있지요. "금성이 당신의 지배행성인
가요?", "저는 황소자리로 태어났어요.", "당신의 수성도
쌍둥이자리인가요?", "그 사람이 물병자리인 걸 모르시
겠어요?"

천문해석학은 우리에게 행성 탐험이라는 흥미로운
미래를 마련해 주는 동시에 우리를 아련한 과거와 연결
해 주는 황금 끈입니다. 과거에 황당한 미래 사회에 대
한 글을 쓰거나 영화를 만들었던 사람들이 사실 몽상가

가 아니었음이 증명되고 있습니다. 너무나도 환상적인 영화 〈벅 로저스〉*는 모든 분야의 과학보다 진보한 이야기를 다루었으며, 이 우주에는 우리가 상상하는 것보다 훨씬 많은 것이 존재한다는 사실을 일깨워 주었습니다. 만화책 주인공이었던 딕 트레이시가 사용했던 양방향 손목 무전기는 이제 더 이상 환상이 아니라 현실이 되었지요. 문 메이드**의 가장 강력한 무기는 레이저 광선이라는 기적과 맞아떨어지면서 납을 물처럼 흐르게 하고 인간이 알고 있는 어떤 단단한 물질도 뚫을 수 있게 되었습니다. 쥘 베른Jules Verne과 플래시 고든Flash Gordon 은 상당히 매력적인 예언가로 평가받고 있습니다. 바다 속 심연과 그보다 훨씬 먼 지구 위 하늘에는 중요한 비밀이 숨어 있다는 사실도 이제는 과학으로 밝혀졌지요.

공상과학 작가나 만화가가 연구실에 있는 과학자보다 과거와 현재 그리고 미래 사이의 실제적인 거리감에 대해 더 잘 알고 있는 걸까요? 아인슈타인 박사는 시간

---

* 벅 로저스(Buck Rogers): 1939년 미국에서 제작된 공상 과학 영화.
** 문 메이드(Moon Maid): 에드거 라이스 버로스의 판타지 소설 『The Moon Maid』의 주인공.

이 상대적이라는 사실을 알아냈습니다. 시인들도 항상 알고 있었고, 과거로부터 전해 내려오는 현자들도 알고 있었습니다. 그 메시지는 새로운 것이 아니었죠. 요즘처럼 천문해석학에 관심이 쏟아지기 훨씬 이전에도 플라톤, 톨레미, 히포크라테스, 그리고 콜럼버스는 천문해석학의 지혜를 존중했고 갈릴레오, 벤 프랭클린, 토머스 제퍼슨, 아이작 뉴턴, 그리고 카를 융 같은 사람들도 천문해석학을 가까이했습니다. 존 퀸시 애덤스 대통령도 그 중 한 명이며 위대한 천문학자 튀코 브라헤, 요하네스 케플러도 추가해야 합니다. RCA* 회사의 천재 연구원 존 넬슨, 그리고 퓰리처 수상에 빛나는 존 오닐 등도 있습니다. 이들 모두 고등교육을 받은 사람들이지요.

1953년 노스웨스턴 대학의 프랭크 브라운 주니어 교수는 굴을 가지고 실험을 하는 과정에서 정말 놀라운 사실을 발견했습니다. 지금까지 과학계에서는 굴이 껍데기를 열고 닫는 주기는 태어난 장소의 조수간만 주기

---

* RCA(Radio Corporation of America) : 1932년 설립된 미국의 전자 기업으로 미국 내에 라디오와 텔레비전을 보급했다. 1986년 제너럴 일렉트릭(GE)에 인수되었다.

를 따른다고 추정해 왔습니다. 하지만 브라운 박사가 롱아일랜드 해협에서 채집한 굴을 일리노이 주의 에반스턴에 있는 연구실 수조에 가져다 놓았을 때 이상한 일이 벌어졌습니다.

굴을 옮겨 놓은 곳은 항상 일정한 온도를 유지하고 늘 희미한 조명을 켜 둔 상태였습니다. 처음 2주 동안 그 옮겨진 굴은 1000마일 떨어져 있는 롱아일랜드 해협의 조수간만에 따라 껍데기를 열고 닫았습니다. 그러다 갑자기 껍데기를 굳게 닫고는 몇 시간 동안 그대로 있었습니다. 굴이 향수병으로 인해 껍데기를 닫아 버렸다고 브라운 박사 연구팀이 결론 내리려고 할 즈음 이상한 일이 생겼습니다. 굴이 다시 껍데기를 연 것입니다. 롱아일랜드 해협 밀물 시간에서 정확하게 4시간 뒤인 에반스턴 밀물 시간에, 마치 해변에 있는 굴처럼 껍데기를 열었습니다. 새로운 주기가 시작되었습니다. 자신의 리듬을 새로운 지리적 위도와 경도에 맞췄습니다. 도대체 어떤 힘이 작용했을까요? 물론 달의 힘이죠. 브라운 박사는 굴의 에너지 주기가 밀물과 썰물을 통제하는 신비한 달의 신호에 의해서 움직인다고 결론 내릴 수밖에 없었습니다.

　이와 마찬가지로 인간의 에너지와 정서적 주기도 여러 행성들로부터 오는 훨씬 더 복잡한 전자기 네트워크에 영향을 받습니다. 과학계에서는 달의 인력으로 인해 바다에서 조수간만의 차가 발생하는 것으로 인식하고 있습니다. 신체의 70퍼센트가 물로 구성되어 있는 인간이 그런 강력한 행성의 인력에 영향을 받지 않을 수 있을까요? 우주 비행사들이 행성에 다가갈 때 느끼는 엄청난 전자기력의 영향은 익히 알려진 사실입니다. 달의 인력은 여성들의 월경 주기나 출산에도 영향을 미친다고 알려져 있고, 정신병원 환자들이 달의 영향을 받는다는 의사와 간호사들의 반복되는 증언도 있습니다. 보름달이 뜨는 날에는 경찰도 힘들어한다는 얘기를 들어 보셨는지요? 농사력에 나오는 조언을 무시하고 지지대를 박거나 돼지를 잡거나 작물을 심는 농부가 있을까요? 달과 행성들의 움직임은 의회에서 논의하는 세금 문제만큼이나 중요한 문제입니다.

　모든 행성 중에서도 달의 인력이 가장 두드러지고 극적인데, 그것은 달이 지구에서 가장 가깝기 때문입니다. 하지만 태양을 비롯해서 금성, 화성, 수성, 목성, 토성, 천왕성, 해왕성, 명왕성도 아주 멀리서 그 영향력을 분명히 행사하고 있습니다. 과학자들은 식물과 동물이 어떤 규칙적인 주기에 영향을 받는다는 사실을 인식하고 있는데, 그 주기는 바로 공기 중에 있는 자장이나 기압의 변동 그리고 중력과 같은 힘에 의해서 결정된다고 합니다. 지구에 영향을 미치는 이러한 힘은 별의 보이지 않는 파장이 날아오는 우주에서부터 비롯됩니다. 달의 변화, 감마선·우주선·엑스선 샤워, 배 모양 전자기 파장의 맥동, 그리고 외계로부터 오는 여타의 영향력들은 우리를 둘러싸고 있는 대기권을 지속적으로 뚫고 쏟아져 내리고 있습니다. 지구상에 있는 어떤 생명체나 광물도 그것을 피할 수 없으며 우리 인간도 마찬가지입니다.

예일대 의대 해부학 박사인 해럴드 버는 복잡한 자기장이 인간의 출생 시에 어떤 패턴을 형성하는 것뿐만 아니라 사는 동안 그 패턴을 통제한다고 언급했습니다. 버 박사는 또한 인간의 중추신경계는 전자기 에너지를 매우 잘 흡수하는, 자연계에서 가장 예민한 기관이라고 말했습니다.(인간은 굴보다 좀 더 멋있게 걷기는 하지만 굴과

똑같은 진동 소리를 듣는다는 말이지요.) 또한 우리 뇌 속에 있는 세포 10만 개는 전기가 흐를 수 있는 무수히 많은 회로를 형성하고 있습니다.

그러므로 우리 몸과 뇌 속에 있는 미네랄과 화학 물질 및 전기적인 세포는 태양의 흑점, 일식 그리고 행성의 움직임에서 발생하는 모든 영향에 반응합니다. 인간도 다른 모든 살아 있는 유기체와 마찬가지로 우주의 끊임없는 밀물과 썰물에 반응합니다. 하지만 인간은 고유의 자유의지가 있기 때문에 그런 외부의 영향력에 구속될 필요는 없습니다. 다시 말해서 우리의 정신은 이러한 행성들의 영향보다 더 우위에 있다는 뜻입니다. 그러나 불행하게도 우리 대부분은 자유의지(정신의 힘이지요.)를 사용하지 못하고 있고, 우리의 운명을 미시건 호수나 옥수수자루만큼이나 제어하지 못하고 있습니다. 천문해석가의 목표는 사람들이 인생의 급류에 그냥 쓸려 다니지 않고 그 흐름에 맞서 싸우는 방법을 얻도록 도와주는 것입니다.

천문해석학은 과학인 동시에 예술입니다. 비록 많은 사람들이 그 기본적인 사실을 무시하고 싶어 하지만 결코 간과할 수 없습니다. 많은 천문해석가들은 사람들이 천문해석학과 관련한 직감만을 언급하는 것에 대해 분노하고 있습니다. 천문해석가들은 직감과의 연관성을 언급하는 말에 대해서 '천문해석학은 수학에 기초한 정확한 과학이다. 절대로 직감력과 동일선상에서 언급되어서는 안 된다.'라고 강력하게 주장합니다. 저는 그들의 의견도 진정성이 있다고 생각하지만, 왜 그 두 가지를 전혀 다른 것으로 구분해야 하는지 계속 의문이 듭니다. 오늘날에는 문외한들도 자신의 초능력을 알아보기 위해서 책이나 게임 또는 연구 실험을 시도하고 있습니다. 천문해석가라고 그러지 말아야 한다는 법은 없습니다. 육감을 가지고 있거나 개발하고 있는 소수의 사람들을 닭이 머리를 모래에 숨기듯 모른 척해야만 할까요?

천문해석학의 출생차트 계산이 수학적 데이터와 천문학적 사실에 근거한다는 점을 고려한다면 천문해석학은 정확한 과학입니다. 의학도 사실과 연구에 기초한 과학입니다. 그럼에도 불구하고 모든 훌륭한 의사들은 의학이 또한 예술이라는 점을 인정하고 있습니다. 의사들은 직감적 진단을 하는 동료들이 있다는 것을 인식하고 있습니다. 내과 의사들은 개인마다 정도의 차이는 있지만 의학적으로 입증 가능한 사실을 해석함에 있어서 그들에게 막대한 도움을 주는 예민하고 특별한 감각이 있다고 말할 것입니다. 의학적 이론을 종합하여 환자의 개인 이력과 관련된 실험 결과를 해석하는 것은 공식처럼 미리 결정되어 있지 않습니다. 의사의 직감적 통찰력이 없이는 불가능한 과정입니다. 그렇지 않다면 의학은 그냥 전산화하면 그만일 것입니다.

음악도 또한 엄격한 수학 법칙이라는 과학적 토대가 있는 분야로, 코드 진행에 대해 공부해 본 사람이라면 누구나 알고 있을 것입니다. 간주곡들은 논쟁의 여지 없이 수학적 비율에 의해 결정됩니다. 하지만 음악 역시 예술이지요. 누구나 〈월광〉이나 〈바르샤바 협주곡〉을 배울 수는 있지만 벤 클리번의 연주가 다른 사람들과 다른 것은 그 감각 또는 직감적 통찰력의 차이일 것입니다. 음표와 화음은 언제나 수학적으로 정확하게 똑같습니다. 하지만 그에 대한 해석이 다른 것이죠. 이것이 바로 과학이라는 단어의 정의와는 전혀 관계가 없는 명확한 현실입니다.

천문해석학을 남에게 가르칠 수 있을 정도로 아주 훌륭하게 공부하는 지적인 사람들도 있지만, 천문해석학이라는 과학을 예술의 경지로 끌어올릴 수 있는 감각적 해석이나 직감적 통찰력을 겸비하는 사람은 많지 않습니다. 물론 정확하고 도움이 될 만한 천문해석학 분석을 제공하기 위해 심령술사나 영매가 될 필요는 없지만, 천문해석가의 직감력은 분명히 출생차트를 종합하고 분석하는 데에 도움을 주는 자산이 됩니다. 물론 그런 직감력이 있는 천문해석가도 기본적으로 수학 계산에 능숙해야 하며 자신의 예술에 있어 과학적인 기본 사항을 엄격히 준수하는 태도가 있어야겠죠. 그런 천문해석가는 의식적인 능력과 무의식적인 능력을 잘 조합하여 사용하기 때문에, 당신은 유능하고 전문적인 천문해석가들을 두려워할 필요가 없습니다. 오히려 그런 사람을 만날 수 있다면 행운이지요. 어떤 분야에서든 예민한 통찰력을 보유한 사람은 드물답니다.

요즘에는 천문해석학의 인기가 높아지면서 갑자기 돌팔이 천문해석가들이 많이 나타났지만, 정말로 필요한 제대로 된 천문해석가와 스승은 많지 않습니다. 가까

운 미래에는 천문해석가가 유수의 대학에서 '별의 과학'
을 전공한 전문가로 인식될 날이 올 것입니다. 행성들이
인간의 행동에 미치는 영향에 대한 중요한 연구는, 옛날
유럽에서 그랬던 것처럼 주요 대학에서 교과목으로 가
르치게 될 것입니다. 천문해석학을 가르치고 연구할 수
있는 능력이나 개인차트를 분석할 수 있는 능력이 출생
차트에 나타나는 학생들만 받게 될 것이며 그 과정은 법
대나 의대만큼이나 어려울 것입니다. 자기장, 기후 조건,
생물학, 화학, 지질학, 천문학, 수학, 사회학, 비교종교
학, 철학, 심리학도 공부해야 하고 천문 차트를 계산하
는 방법과 해석하는 방법도 공부해야 하며 졸업생들은
천문해석가(D.A.S: Doctor of Astral Science)라는 자격을
부여받아야 간판을 걸 수 있을 것입니다.

　　현재의 연구 단계에서 초보자들이 천문해석학에 가
장 안전하고 타당하게 접근할 수 있는 방법은 열두 개
태양별자리에 대해 완벽하게 공부하는 것이며, 이것은
마치 응급조치나 건강 상식을 공부해서 의학이론에 익
숙해지는 것과 마찬가지입니다.

　　언젠가 인류는 천문해석학, 의학, 종교, 천체물리

학, 정신과학이 모두 하나라는 사실을 발견할 것입니다. 그 모든 것이 합쳐져야 비로소 완벽한 전체를 이루게 됩니다. 그때까지 각 분야는 조금씩의 결함을 가지고 있을 것입니다.

천문해석학에는 서로의 의견이 충돌하는 혼란스러운 부분이 있습니다. 바로 환생에 대한 의견입니다. 오늘날에는 누구나 긍정적이든 부정적이든 윤회설에 대한 의견이 있을 것입니다. 물병자리 시대로 들어가는 20세기에는 여기저기에서 점괘판이나 잔 딕슨*에 대한 이야기를 듣게 됩니다.

전문적인 천문해석가들은 윤회설 또는 카르마를 바탕에 깔고 해석하지 않으면 천문해석학은 불완전한 것이라고 믿고 있고, 저 또한 그렇습니다. 윤회설을 강하게 부인하는 사람들이, 특히 천문해석학이 상대적으로 낯선 서양에 많이 있습니다. 천문해석학을 활용하기 위해서 반드시 환생 이론을 받아들여야 하는 것은 아닙니다. 또한 전생 혼의 존재는, 아무리 논리적으로 설명하

---

* 잔 딕슨(Jeanne Dixon, 1904~1997) : 미국의 유명한 점성가이자 심령술사.

더라도 과학적으로 규명된 적이 한 번도 없습니다.(문서
로 남긴 설득력 있는 정황 증거와 성경이 있기는 합니다.) 환생
은 그 특성상 확실하게 손에 잡히는 증거를 영원히 확인
할 수 없을지도 모릅니다. 고대인은 진화한 영혼이 끊임
없이 다시 태어나는 환생 주기를 끝내려면 카르마의 진
실을 추구하는 단계에 도달해야만 한다고 가르쳤습니
다. 그러므로 환생을 믿는 것은, 우주에서 환생이 존재
하고 있다는 것과 현생의 삶에서 그 카르마가 말하는 의
무가 어떤 의미인지 찾을 수 있는 진화한 영혼에게는 선
물이자 보상입니다. 그 깊은 신비가 증명되면 개개인이
스스로의 의지로 그것을 발견하기 위해 애쓸 필요가 없
어지기 때문에, 영원히 증명되지 않고 각자 자신의 마음
속에서 환생에 대한 답을 찾아야 하는지도 모릅니다. 하
지만 스스로 찾기 위해서는, 다른 사람들이 무엇이 거짓
이고 무엇이 참인지 발견해 놓은 지식을 배워야만 할 것
입니다. 놀라운 예언가인 에드거 케이시에 대한 책이 호
기심 많은 초심자들의 이해를 도울 만하고, 환생에 대해
서는 훌륭한 책들이 많이 나와 있으니, 몇 권 골라서 본
다면 여러분이 스스로 환생이 고려할 만한 가치가 있는

주제인지 아니면 단순한 사술인지 생각을 정리하는 데에 도움이 될 것입니다. 이것이 우리가 직접 찬반양론을 철저하게 조사하고 삶과 죽음에 대한 문제에 접근하는 유일한 방법일 것입니다.

현대에는 보이지 않는 영향력에 대한 관심이 새롭게 일어나고 있으며, 독심술에 대한 관심이 그 좋은 예라고 할 수 있습니다. 미국항공우주국에서는 지구와 우주 비행사 사이의 통신이 두절되는 상황에 대비하기 위해 막대한 자금을 투자하여 선별된 우주 비행사들을 대상으로 감각적 인식을 통해 메시지를 전달할 수 있는지 확인하는 초감각적 지각 실험을 진행하고 있습니다. 이런 연구 분야에서 러시아가 미국보다 훨씬 앞서 있는 것으로 전해지는데, 이것을 보면 독단적이고 물질주의적인 사고를 배제해야 하는 이유를 알 수 있습니다.

사람들 사이의 이런 보이지 않는 파장에 대한 성공적인 실험결과 덕분에 의사들도 관심을 가지게 되었습니다. 의학계는 암이나 패혈증, 인두염과 같은 질병이 정신적·감정적 긴장으로 유발된다는 사실을 오래 전부터 인정해 왔으며, 오늘날에는 환자의 성향이 암의 진전과 분명한 관계가 있다는 이론을 확립하고 있습니다. 최근 기사에서는 저명한 의사들이 정신과 의사들과의 협력을 통해 어떤 환자가 질병에 예민한지 사전에 확인해서 질병을 조기에 치료하거나 예방할 수 있도록 해야 한다는 주장이 나왔습니다. 하지만 천문해석학에서는 질병이 정신과 감정에 의해 발생하며 그러므로 정신과 감정을 통해 통제하거나 제거할 수 있다는 것을 오래 전부터 인지해 왔습니다. 또한 특정 행성의 영향을 받는 순간에 태어난 사람은 특정 질병이나 사고에 노출될 확률이 높거나 또는 반대로 면역성을 가지고 있다는 사실 또한 알고 있었습니다. 환자의 출생차트 상에 행성들의 위치와 각도를 보면 의학에서 찾는 지식을 잘 알 수 있답니다.

고고학과 인류학에서 발견한 내용에 의하면 고대 이집트에서는 천문해석가이자 의사인 사람들이 고도의 기술로 뇌수술을 했던 것으로 밝혀졌습니다. 오늘날에도 진보적인 의사들은 고대 그리스 의사들이 했던 방법을 따라 달이 이동하는 별자리를 남몰래 체크하기도 합니다. 고대 의사들은 히포크라테스 계율에 따라 '달별자리에 해당하는 신체 부위나 달이 90도 혹은 180도를 맺는 신체 부위에는 칼을 대지 않는다.'라는 내용을 실천했습니다. 의학적인 천문해석학과 그 가치에 대해서는 질병의 원인과 예방 차원에서 논의해야 할 부분이 많고 또한 워낙 방대한 주제이므로 별도의 책에서 다루어야 할 것입니다.

의학계뿐만 아니라 일부 여행사나 보험 회사, 항공사에서도 치명적인 항공기 충돌 사고가 탑승객과 승무원의 출생차트와 관계있는지 은밀하게 조사하고 있습니다. 우리는 고대의 지식으로부터 물질적 사고 방식으로 후퇴했다가 많은 시간이 흘러 다시 진실로 나아가고 있습니다. 세월이 흐르면서 행성들은 그 장엄하고 확고한 궤도를 변함없이 유지하고 있습니다. 고대 바빌론의 하늘과 베들레헴의 하늘에서 빛나던 별들은 지금도 엠파이어스테이트 빌딩 위에서 또는 동네 뒷산 하늘 위에서 여전히 빛나고 있습니다. 그 별들은 수학적으로 정확한 주기를 가지고 있고, 여전히 인간을 포함한 이 지구 위에 있는 모든 생명체에 영향을 미치고 있으며, 지구가 존재하는 동안에는 앞으로도 변함없이 그럴 것입니다.

천문해석학은 운명론이 아니라는 점을 항상 기억해 주시기 바랍니다. 별은 어떤 경향을 부여할 뿐 강요하지는 않습니다. 우리 대부분은 행성과 출생차트의 영향뿐만 아니라 주변 환경과 물려받은 유전적인 환경에도 맹목적으로 순종해야 하고 이러한 환경의 힘이 우리보다 더 강력하다고 생각하는 경향이 있습니다. 우리가 이런 모든 요소들에 대해 통찰력이 없기 때문에 저항도 하지 않는 것이죠. 그럴 때, 우리의 별자리는 마치 지문처럼 우리에게 맞아떨어집니다. 우리는 우리를 움직이는 그 힘을 경멸하든 무시하든 간에 인생이라는 체스 게임에서 말처럼 움직여집니다. 하지만 누구든 태어날 때의 환경상의 어려움은 극복할 수 있습니다. 우리의 의지력이나 정신력을 이용하여 누구든 자신의 기분을 조절하고 인성을 변화시키고 자신의 환경과 태도를 제어할 수 있습니다. 이렇게 할 수 있을 때 우리는 비로소 체스판의 말이 아니라 그 말을 움직이는 주체가 됩니다.

당신은 "나는 태어날 때부터 그런 힘이나 능력이 없어."라고 말하면서 별을 따르는 것을 주저하시는지요? 당신은 보이지도 들리지도 말하지도 못하는 자신을 극복하기 위해 심원한 내면의 의지력을 발휘했던 헬렌 켈러보다 더 많은 것을 가지고 태어났습니다. 헬렌 켈러는 자신의 출생차트 상의 어려운 요소들을 명예, 부, 존경 그리고 수많은 사람들에 대한 사랑으로 바꾸었으며, 그렇게 행성들의 영향력을 극복했습니다.

두려움 때문에 내일을 바라보지 못하시나요? 무지개에 닿기도 전에 우울함과 비관주의가 당신의 무지개를 회색빛으로 물들이나요? 미국 영화배우였던 퍼트리샤 닐은 우울함과 불안함을 강철 같은 정신력으로 탈바꿈시켰습니다. 그녀는 비극 앞에서도 미소를 보였고 그 미소는 치명적인 마비 증상까지도 날려 버릴 만큼 충분한 감정적인 에너지를 발산해서 의사들도 깜짝 놀라게 만들었지요.

신문 지상에서 떠들어 대는 것처럼 미국이 냉전 시대, 국민적 혹은 국제적 몰이해, 범죄율 증가, 불평등, 편견, 도덕적 해이, 윤리 상실, 그리고 어쩌면 핵폭발로 곧 사라질 위기에 처해 있다고 걱정하고 계시나요? 윈스턴 처칠도 개인적으로 그리고 국가적으로 패배에 직면한 적이 있었죠. 하지만 그는 눈을 반짝거리면서 강철 같은 의지를 품고 마음속으로 기도를 했습니다. 이 세 가지로 그는 한 사람의 용기가 수많은 사람들에게 맹목적인 낙관주의와 굳건한 힘을 일깨워 주는 기적을 일구어 냈습니다. 결과적으로 그런 파장은 공포를 녹여 버리고 세상에 영감을 주었으며 승리를 이끌어 냈습니다. 처칠은 자신과 자신의 국가가 체스판의 말이 되기를 거부하였던 것입니다.

그런 사람들은 특별한 경우라고 생각하시나요? 당신도 기적을 만들어 낼 수 있습니다. 누구나 할 수 있습니다. 당신에게도 강력한 행성들의 전자기력에 대한 면역력을 기를 수 있는 충분한 힘이 있습니다. 그럼에도 불구하고 너무 쉽게 포기해 버리고 당신의 잠재력을 깨닫지 못한다면 정말 안타까운 일이지요.

증오와 두려움을 정복하고 나면 우리의 의지는 자유로워지고 엄청난 힘을 발휘할 수 있게 됩니다. 이것이 바로 말 없는 별들에 담겨 있는 당신 출생의 메시지입니다. 그러니 귀를 기울여 보세요.

어떤 고대 전설에서는 힘과 주술적 비밀을 알고 싶어서 현명한 마술사를 찾아가는 남자의 이야기가 있습니다. 마술사는 그를 맑은 호숫가로 데리고 가서 무릎을 꿇게 했지요. 그러자 그 현명한 마술사는 사라져 버리고 혼자 남겨진 그 남자는 물 속에 비친 자기 모습을 보게 되었습니다.

"내가 하는 것을 그대도 할 수 있다.", "구하라, 그러면 얻을 것이다.", "두드려라, 그러면 열릴 것이다.", "진실을 추구하라, 진실이 너희를 자유롭게 하리라."

바빌론까지는 얼마나 멀어요?
60마일하고도 10마일 더 가야지.
촛불만 들고 갈 수 있을까요?
물론이지, 돌아올 수도 있는 걸!

이것은 시일까요 아니면 수수께끼일까요? 이 우주 속에 있는 모든 것은 우주 법칙의 일부이며 천문해석학은 그 법칙의 기본입니다. 천문해석학에서 종교와 의학, 천문학이 생겨난 것이지 그 반대가 아닙니다.

고대 그리스의 도시였던 테베에는 열두 별자리가 조각되어 있는데 아주 오래된 것이라 정확한 기원은 알 수 없습니다. 아틀란티스일지도 모릅니다. 하지만 그 상징들을 어디서 가져왔고 누가 새겼든 간에 그 메시지는 영원합니다. '당신은 끝없는 우주입니다.' 그리고 아직까지 하나의 별밖에 보지 못했답니다.